겨자씨 자라나서
큰 나무 되듯이

겨자씨 자라나서 큰 나무 되듯이

2014년 1월 7일 교회 인가
2014년 2월 27일 초판 1쇄 펴냄
2022년 5월 29일 개정 초판 1쇄 펴냄
2024년 12월 6일 개정 초판 6쇄 펴냄

지은이 · 손희송
펴낸이 · 정순택
펴낸곳 · 가톨릭출판사
편집 겸 인쇄인 · 김대영
편집 · 박다솜, 강서윤, 김소정, 김지영
디자인 · 강해인, 정호진, 이경숙
마케팅 · 안효진, 황희진

본사 · 서울특별시 중구 중림로 27
등록 · 1958. 1. 16. 제2-314호
전자우편 · edit@catholicbook.kr
전화 · 1544-1886(대표 번호)
지로번호 · 3000997

ISBN 978-89-321-1820-8 03230

값 14,000원

ⓒ 손희송, 2014.
성경 · 전례문 · 교회 문헌 ⓒ 한국천주교중앙협의회, 2022.

이 책은 저작권법에 의해 보호를 받는 저작물이므로 무단 전재와 무단 복제를 금합니다.

가톨릭의 모든 도서와 성물을 '**가톨릭출판사 인터넷쇼핑몰**'에서 만나 보실 수 있습니다.
http://www.catholicbook.kr | (02)6365-1888(구입 문의)

신앙의 기쁨을 찾는 길

겨자씨 자라나서
큰 나무 되듯이

손희송 지음

*As a Mustard Seed Grows into
a Big Tree*

개정 증보판을 내면서

 몸이 약하면 자주 병에 걸리고 생기를 잃게 됩니다. 신앙도 마찬가지입니다. 신앙이 약하면 잘못에 빠지기 쉽고, 활기 없는 신앙생활을 하기 십상입니다. 그러다 어려움과 곤경에 처하면 주일 미사에 참여하지 않다가 아예 신앙생활을 접게 됩니다. 반면에 몸이 건강하면 병에 대한 저항력도 높고 생활도 활기차게 할 수 있습니다. 신앙생활도 이와 비슷합니다. 신앙이 튼튼하면 유혹에 잘 견딜 수 있을 뿐만 아니라, 감사하고 기뻐하며 나누면서 살아갈 수 있습니다.

 몸의 건강을 유지하려면 어떻게 해야 할까요? 무엇보다 기초 체력을 길러야 합니다. 신앙도 튼튼해지려면, 신앙의 기초를 탄탄하게 다져야 합니다. 물론 기초를 다지는 데에는 시간이 걸리고 인내가 요구됩니다. 하지만 신앙의 성장과 성숙을 위해서는 꼭 필요한 과정입니다.

2014년 2월, 신앙의 기초를 다지자는 의도에서 《행복한 신앙인》이란 책을 발간했습니다. 베네딕토 16세 교황님의 권고로 2012년 10월부터 그다음 해 11월까지 진행된 '신앙의 해'를 결산하려는 뜻도 포함된 책이었습니다. 이제 그 책을 다듬고 보충해서 새로운 모습으로 내어놓습니다. 기존 내용에 짧은 글 두 편, 견진성사를 집전하면서 했던 미사 강론과 코로나19로 달라진 우리의 신앙생활에 대한 단상을 첨부하였습니다.

예수님은 하느님의 나라가 겨자씨처럼 작게 시작되지만, 나중에는 큰 나무처럼 될 것이라고 말씀하셨습니다(마르 4,31-32 참조). 겨자씨와 같은 우리의 신앙도 큰 나무처럼 자라나 풍성한 열매를 맺으면 좋겠습니다. 그런 신앙 성장에 이 책이 다소나마 도움이 되기를 바랍니다. 특히 코로나19 사태로 인해서 잠시 느슨해진 마음을 추스르고 소홀해진 신앙생활을 바로 잡으려는 분들에게 길잡이 역할을 할 수 있다면, 제게는 더할 나위 없이 큰 기쁨이 될 것입니다.

하느님은 우리의 삶 곳곳에 천사들을 숨겨 두셨습니다. 개정 증보판을 내는 데에 수고해 주신 가톨릭출판사 관계자들이 제게 천사의 역할을 해 주셨습니다. 깊이 감사드립니다.

2022년 1월 28일
성 토마스 아퀴나스 사제 학자 기념일에
서울대교구청에서
손희송 베네딕토

머리말

신앙의 해의 정신이 열매를 맺기를 바라며

신앙은 한순간에 완성되는 것이 아니라 긴 과정을 거치면서 익어 갑니다. 세례성사에서부터 본격적으로 시작되는 신앙 여정은 저세상에서 '얼굴과 얼굴을 마주 보듯'(1코린 13,12 참조) 하느님을 만나게 될 때까지 계속됩니다. 그동안에 우리 각자는 자신의 미숙한 신앙이 성숙한 상태로 변하도록 노력해야 합니다. 성숙한 신앙은 우리에게 참된 기쁨과 행복을 선사해 주기 때문입니다. 하지만 안타깝게도 적지 않은 신자들이 신앙에서 오는 가슴 벅찬 기쁨과 행복을 체험하지 못한 채 의무

감으로 마지못해 신앙생활을 합니다.

신앙은 자전거 타기에 비유할 수 있습니다. 두발자전거를 선물받은 아이가 자전거 타기를 배우는 것이 힘들다고 포기한다면 영원히 자전거 타는 즐거움을 누릴 수 없습니다.

신앙도 마찬가지입니다. 신앙을 키우고 익히는 데 필요한 노력이 귀찮고 번거롭다고 해서 손을 놓고 있으면 신앙의 기쁨과 행복을 누릴 수 없습니다. 그런 사람은 자전거 타기를 배우는 게 힘들다고 해서 자전거를 타지 않고 짊어지고 가는 어리석은 사람에 비길 수 있습니다.

2011년 10월 11일, 베네딕토 16세 교황님은 우리가 그리스도를 만나는 기쁨을 누리면서 새로운 열정으로 그분을 따를 수 있도록 '신앙의 해'를 선포하셨습니다. 그로부터 1년 후인 2012년 10월 11일에 시작된 '신앙의 해'는 2013년 11월 24일 그리스도 왕 대축일에 끝났습니다. 그 기간 동안 한국 천주교회는 각 교구별로 계획을 세워 신앙을 새롭게 하고 활성화하기 위해 많은 노력을 기울였습니다.

서울대교구 교구장이신 염수정 안드레아 추기경님은 '신앙의 해'를 시작하면서 발표하신 사목 교서에서 우리 한국 교회 신자들의 문제는 신앙이 약하고 뿌리가 깊지 못한 것이라고 진단하셨습니다. 이어서 다섯 가지 표어를 제시하시면서 그것을 통해 허약한 신앙을 튼튼하게 키워 가자고 권고하셨습니다. '말씀으로 시작되는 신앙', '기도로 자라나는 신앙', '교회의 가르침으로 다져지는 신앙', '미사로 하나 되는 신앙', '사랑으로 열매 맺는 신앙'이 그것입니다.

무엇이든 기초를 튼튼히 다지려면 긴 시간과 많은 노력이 필요합니다. 그래서 염수정 추기경님은 2014년 사목교서를 통해서 앞으로 당분간 신앙의 기초를 공고히 하는 작업을 계속할 것임을 밝히셨습니다. 향후 5년간 순차적으로 '신앙의 해'에 제시했던 다섯 가지 사목 표어에 초점을 맞추어 충실하게 신앙생활을 하자는 계획입니다. 사실 말씀, 기도, 교회의 가르침, 미사와 성사, 사랑의 봉사는 신앙생활에 꼭 필요한 기본 요소들입니다.

저는 서울대교구에서 '신앙의 해'를 위한 세부 계획을 마련하는 일에 참여하면서, 교구장님이 제시하신 다섯 가지 사목 표어에 대해 좀 더 숙고할 기회를 가질 수 있었습니다. 그리고 숙고한 바를 여러 차례 말이나 글로 발표했습니다. 이제 그 결과물을 모아 다듬고 보충하여 책으로 엮게 되었습니다. '숙성이 아직 덜 된 포도주'와 같은 책이지만, '신앙의 해'의 취지가 지속되어 열매를 맺는 데에 다소나마 도움이 되면 좋겠습니다.

2012년 8월 말, 교구장님의 명으로 서울대교구 사목국의 책임을 맡은 이래 부서 내 여러 신부님들의 협조와 직원들의 수고에 많은 도움을 받고 있습니다. 이런 훌륭한 협력자들 덕분에 지금까지 맡은 임무를 큰 차질 없이 수행할 수 있었습니다. 기쁜 마음으로 일할 수 있도록 성심껏 도와주신 그분들에게 진심으로 감사의 말을 전하고 싶습니다. 또한 보잘것없는 원고를 흔쾌히 받아 출판해 주신 가톨릭출판사 사장 홍성학 신부님과 관계자 여러분에게도 깊이 감사드립니다.

2013년 12월 3일
선교의 수호자 성 프란치스코 하비에르 사제 대축일
명동 서울대교구 사목국에서
손희송

차례

개정 증보판을 내면서 • 5
머리말 '신앙의 해'의 정신이 열매를 맺기를 바라며 • 8

말씀으로 시작되는 신앙 • 15
기도로 자라나는 신앙 • 35
교회의 가르침으로 다져지는 신앙 • 55
미사로 하나 되는 신앙 • 77
사랑으로 열매 맺는 신앙 • 103
모범으로 빛나는 신앙 • 125
성숙한 신앙을 위한 여정 • 145
신앙 성숙을 돕는 견진성사 • 163
위기를 견디는 신앙 • 181

맺음말 우리의 믿음이 한층 더해지기를 기도하며 • 197

말씀으로 시작되는 신앙

한국천주교 평신도사도직단체협의회가 발간한 《평신도》(2013, 봄)에 게재된 〈신앙에 물 주기 – 말씀 편〉의 내용을 확충한 것입니다.

하느님은 사랑으로 인간을 창조하셨습니다. 그리고 그 인간과 친교를 이루기를 원하십니다. 그분은 구약에서는 예언자들을 통하여, 신약에서는 당신의 외아드님 예수님을 통하여 인간을 당신과의 친교로 초대하십니다. 제2차 바티칸 공의회의 교의 헌장 〈하느님의 말씀〉에서는 이렇게 말합니다.

"보이지 않는 하느님께서는 이 계시로써 당신의 넘치는 사랑으로 마치 친구를 대하시듯이 인간에게 말씀하시고, 인간과 사귀시며, 당신과 친교를 이루도록 인간을 부르시고 받아들이신다."(2항)

이런 하느님의 초대에 합당하게 응답하는 것이 신앙입니다. 사람은 하느님의 초대에 응답해서 그분과의 친교 안에 머무를 때 진정한 기쁨과 행복을 누릴 수 있습니다.

하느님의 초대에 응답하는 신앙인이 되기 위해서는 우선 그분의 말씀을 귀 기울여 들어야 합니다. 그렇게 할 때 하느님의 말씀이 지닌 능력으로 우리가 변화될 수 있습니다. "말 한마디에 천 냥 빚도 갚는다."라는 속담처럼 인간의 말에도 나름 힘이 있습니다. 일본의 어느 과학자가 물의 결정체를 연구하였답니다. 유리병에 물을 넣고 '사랑과 감사'라는 글을 보여 주었더니 물은 매우 아름다운 육각형 결정체를 드러냈습니다. 반대로 '망할 놈', '짜증 나', '죽여 버릴 거야'와 같이 상처를 주는 글을 보여 준 물에는 하나같이 찌그러지고 흉한 모양의 결정체가 나타났습니다. 말의 힘이 과학적으로 증명된 셈입니다.

미약한 인간의 말도 이렇게 힘이 있다면, 전능하신 하느님의 말씀은 이에 비할 데 없이 더 큰 힘이 있을 것입니다. 그분의 말씀은 무에서 유를 이루는 창조의 말씀(시편 33,9 참조)이고, 뜻하시는 바를 성취하는 능력의 말씀(이사 55,11 참조)입니다. 하느님의 말씀은 사람의 마음까지도 다 헤아리실 정도로 능력이 있습니다.

"사실 하느님의 말씀은 살아 있고 힘이 있으며 어떤 쌍날칼보다도 날카롭습니다. 그래서 사람 속을 꿰찔러 혼과 영을 가르고 관절과 골수를 갈라, 마음의 생각과 속셈을 가려냅니다."(히브 4,12)

이렇게 하느님의 말씀은 능력의 말씀이기에 우리 안에 신앙의 불꽃이 일어나게 하실 수 있습니다. 바오로 사도의 말대로 "믿음은 들음에서 오고 들음은 그리스도의 말씀으로 이루어집니다."(로마 10,17)

하지만 하느님의 말씀이 아무리 능력의 말씀이시라 해도 우리가 받아들이지 않으면 그 능력이 발휘될 수 없습니다. 자식을 사랑하는 부모의 마음이 아무리 커도 자식이 받아들이지 않으면 그 사랑이 영향을 미치지 못하는 것과 같은 이치입니다. 우리가 마음을 열고 하느님의 말씀을 경청할 때 그 말씀이 우리 안에 신앙을 심고 열매를 맺게 합니다. 예수님이 들려주신 '씨 뿌리는 사람의 비유'(루카 8,4-8 참조)는 바로 그런 점을 강조하시는 말씀입니다. 길에 떨어진 씨는 지나가는 사람들의 발에 짓밟혀 싹도 못 피우고 죽어 버리고, 바위에 떨어진 씨나 가시덤불 한가운데 떨어진 씨는 조금 자라다가 죽어 버리지만, 좋은 땅에 떨어진 씨는 백 배의 열매를 맺습니다.

이 비유에서 씨는 하느님의 말씀입니다. 길에 떨어진 씨는 말씀을 듣기는 하지만 악의 세력의 방해를 받아 말씀을 마음에 받아들이지 못하는 사람입니다. 바위에 떨어진 씨는 말씀을 기쁘게 받아들이기는 하지만 신앙의 뿌리가 없어서 시련이 닥치면 신앙을 잃어버리는 사람입니다. 가시덤불에 떨어진 씨는 말씀을 듣기는 하지만 세상 걱정에 짓눌리고 재물과 쾌락에 마음을 뺏겨 신앙의 열매를 맺지 못하는 사람입니다. 반면에 좋은 땅에 떨어진 씨는 "바르고 착한 마음으로 말씀을 듣고 간직하여 인내로써 열매를 맺는 사람"(루카 8,15)입니다.

성경에는 '좋은 땅'이 된 여러 사람이 소개됩니다. 그중에서 가장 탁월한 분은 성모 마리아이십니다. 성모님은 가브리엘 천사가 전한 하느님의 말씀, 곧 처녀의 몸으로 구세주를 잉태하리라는 말씀을 순종하는 마음으로 받아들이셨습니다.

> "저는 주님의 종입니다. 말씀하신 대로 저에게 이루어지기를 바랍니다."(루카 1,38)

이런 순종의 응답이 있었기에 구세주가 세상에 오실 수 있었습니다. 우리도 성모님처럼 하느님의 말씀을 열린 자세로 듣고 마음에 간직할 때 사랑의 열매를 풍성하게 맺게 됩니다. 바로 이런 이유에서 예수님은 당신의 발치에 앉아 말씀을 듣고 있던 마리아에게 "좋은 몫을 선택하였다."(루카 10,42)라고 칭찬하셨습니다.

하느님 말씀을 들음으로써 우리 믿음이 시작되고 거듭 새로워지기 때문에 미사의 전반부는 성경 말씀을 듣는 '말씀 전례'로 구성됩니다. 미사 중에 봉독되는 독서와 복음 말씀을 귀담아듣고 마음에 간직하면 영성체 때 주님을 더욱 가까이 느낄 수 있습니다. 이런 점은 루카 복음서가 전하는 '엠마오로 가는 두 제자에게 나타나신'(루카 24,13-35 참조) 이야기에서 암시됩니다.

두 제자는 '이분이야말로 이스라엘을 해방하실 분'이라고 큰 기대를 걸었던 스승 예수님이 너무도 허망하게 십자가에 못 박혀 돌아가시자 낙담과 절망에 가득 차서 예루살렘을 등지고 엠마오로 떠납니다. 그런데 길을 가던 두 사람에게 낯선 나그네가 다가와 성경을 뜻풀이해 주면서 메시아는 고난을 겪고 나서야 영광에 이른다고 설명합니다.

엠마오에 도착한 두 제자는 그 나그네를 초대해 함께 저녁 식사를 나누게 됩니다. 그런데 식사 중에 나그네가 그들에게 빵을 떼어 줄 때 그들의 눈이 열려서 그분이 바로 부활하신 주님이심을 알아봅니다. 그 순간에 예수님은 그들에게서 사라지십니다. 그러자 두 제자는 서로 이렇게 말합니다.

"길에서 우리에게 말씀하실 때나 성경을 풀이해 주실 때 속에서 우리 마음이 타오르지 않았던가!"(루카 24,32)

여기서 나그네가 성경을 뜻풀이해 준 것은 말씀 전례를, 빵을 떼어 나누어 준 것은 성찬 전례를 암시합니다. 우리 역시 엠마오로 가는 두 제자처럼 말씀 전례에서 성경 말씀을 귀담아듣고 마음이 열리면, 성찬 전례 때 우리에게 오시는 주님을 알아보고 느낄 수 있습니다. 말씀 전례에서 하느님의 말씀으로 마음이 잘 준비된 사람은 영성체를 통해 주님의 현존을 체험할 수 있는 것입니다.

그런데 그렇게 하려면 미사 전에 미리 그날의 독서와 복음을 읽고 묵상하는 시간을 갖는 것이 좋습니다. 5분 정도는 마음을 가라앉히고, 이어서 10분 동안 성경 말씀을 읽고 새기는 시간을 갖는다면 미사 중에 봉독되는 말씀이 귀에 더 잘 들어와 우리 마음을 움직이게 됩니다. 어린 사무엘이 주님 앞에서 "말씀하십시오. 당신 종이 듣고 있습니다."(1사무 3,10)라고 했던 것처럼 우리도 경청의 자세를 갖추어야 합니다. 그러면 성체를 영할 때 주님의 현존을 훨씬 잘 감지할 수 있게 됩니다.

평소에도 성경을 옆에 두고 자주 읽고 묵상하며, 필사를 생활화하는 것도 바람직합니다. 성경 말씀을 자주 대하다 보면 어느 순간에 그 말씀이 마음을 움직입니다. 그때가 바로 문자로 된 성경 말씀이 살아 있는 말씀이 되는 순간입니다. 2,000년 교회 역사를 보면 성경 말씀을 통해 내적으로 크게 변화되어 성인이 된 분들이 많습니다. 대표적으로 아우구스티노 성인(354~430년)을 들 수 있습니다.

아우구스티노 성인은 젊은 시절에 많은 방황을 했습니다. 신앙적으로 잘못된 길로 들어서서 마니교라는 이단에 빠지기도 했고, 결혼도 하지 않은 채 한 여인과 동거하여 아들까지 두었지요. 성인은 이런 그릇된 생활을 청산하고 새로운 삶, 하느님과 깊게 일치하는 삶을 위해 완전한 금욕 생활을 하고 싶었지만 여인에 대한 미련을 떨쳐 버리지 못해서 고민하게 됩니다.

그러던 어느 날 옆집에서 아이들이 떠들며 놀다가 "집어라, 읽어라. 집어라, 읽어라."라고 노래하는 소리를 듣습니다. 성인은 곧바로 성경을 집어서 펼쳐 들었습니다. 첫눈에 들어온 구절이 바로 로마 신자들에게 보낸 서간 13장 13-14절이었습니다.

"흥청대는 술잔치와 만취, 음탕과 방탕, 다툼과 시기 속에 살지 맙시다. 그 대신에 주 예수 그리스도를 입으십시오. 그리고 욕망을 채우려고 욕심을 돌보는 일을 하지 마십시오."

성인은 이 말씀을 읽는 순간, 마음에 기쁨이 가득 차고 온갖 어둠이 사라지는 경험을 합니다. 이 사건을 계기로 아우구스티노 성인은 본격적인 회심의 길로 접어듭니다.

하느님의 말씀은 과거뿐만 아니라 지금도 여전히 사람들의 마음을 움직이고 변화시킵니다.

오랫동안 냉담을 한 남편을 둔 어느 부인의 체험담을 소개합니다. 냉담한 남편을 둔 모든 부인들 마음이 그러하듯이 그 부인의 소원도 남편과 함께 성당에 가는 것이었습니다.

"하루는 남편을 겨우 설득하여 새벽 미사에 같이 갈 수 있게 되었습니다. 부인은 모처럼 성당에 가는 남편이 오늘 좋은 복음 말씀을 듣고 감동해서 냉담을 풀고 앞으로 성실하게 성당에 나가는 기회가 되기를 간절히 바랐습니다. 평소 남편은 신앙생활에 대하여 비판적이었던 터라 더욱 복음 말씀이 남편을 설득할 수 있는 내용이기를 바랐지요. 그런데 그날따라 하필이면 복음이 마태오 복음서 시작에 나오는 '예수님 족보'였습니다. 그냥 예수님 탄생까지 계속되는 말씀은 '누구는 누구를 낳고, 낳고……' 하는 말의 연속이었습니다. 더구나 신부님 강론마저 매우 신학적이고, 보통 사람들이 알아듣기 힘든 내용이어서 더욱 난감했습니다. 부인은 결국 실망을 하고 집으로 돌아왔습니다.

그런데 남편의 반응이 의외였습니다. 남편은 "오늘 복음 말씀이 참 인상적이었어. 사람이 나고 죽고를 거듭하는데 중요한 것은 하느님을 믿고 사는 일 같아." 하고 말하는 것이었습니다. 남편은 그때부터 냉담을 풀고 성당에 나가기 시작했습니다. 부인은 자기 생각과는 전혀 다르게, 정말이지 성경 말씀에 사람을 변화시키는 힘이 있다는 것을 체험했다고 합니다."(전원, 《말씀으로 아침을 열다》, 가톨릭출판사, 2013).

우리가 성경을 자주 읽고, 고요한 마음으로 묵상하고, 때로 그 말씀을 필사하다 보면 마음이 열리면서 말씀을 통해 우리에게 다가오시는 그리스도를 만나게 됩니다. 때에 따라서는 성경을 학문적으로 분석하고 깊이 이해하는 것도 필요합니다. 하지만 그에 앞서 성경 말씀을 하느님이 우리 각자에게 건네시는 말씀으로 받아들이고 마음속에 간직하려는 열린 자세를 갖추는 것이 중요합니다. 그럴 때 성경 말씀은 희망과 힘을 주는 생명의 말씀이 되어 우리의 생각과 삶을 긍정적으로 변화시킬 것입니다.

제가 오스트리아에서 유학하던 시절, 연례 피정을 지도해 주셨던 어느 신부님의 어머니 이야기가 생각납니다. 평범한 가정 주부인 그 어머니는 힘들고 지칠 때마다 요한 복음서 4장을 묵상하셨답니다. 예수님이 유다를 떠나 갈릴래아로 가시기 위해 사마리아를 가로지르실 때의 이야기지요.

먼 길을 걷느라 지치고 목마르셨던 예수님은 야곱의 우물가에서 잠시 앉아 쉬셨습니다. 그때 마침 물을 길으러 온 사마리아 여인에게 마실 물을 청하시면서 그 여인과의 대화가 시작됩니다. 신부님의 어머니는 힘들

때마다 바로 이 대목을 기억했답니다. 그러고는 '하느님의 아드님이신 예수님도 지치고 목마르셨다면, 거기엔 무슨 의미가 있을 거야. 내가 지금 힘들고 지친 것도 뭔가 의미가 있지 않을까?'라고 묵상하며 거듭 살아갈 힘을 얻었습니다.

예로니모 성인(347년경~419년)은 "성경을 모르는 것은 그리스도를 모르는 것이다."라고 잘라 말했습니다. 그리스도를 믿는다는 사람들이 그리스도가 어떤 분이지를 알려 주는 성경을 읽지 않는다면, 누군가를 사랑한다면서 그 사람에 대해 알기를 게을리하는 것과 마찬가지입니다. 그러나 성경을 통해 그리스도를 알 수 있는데도 성경을 매일 읽는 신자는 그리 많지 않습니다. 2012년 서울대교구 사목국에서 발표한 조사 결과에 따르면 매 주일 미사에 참례하는 신자들 중에서도 성경을 거의 읽지 않는 사람이 약 30퍼센트, 즉 세 명 중의 한 명이나 됩니다. 성경을 모르면 그리스도를 모르는 것이며, 그러면 그리스도가 주시는 기쁨을 누릴 수 없는 것은 물론이고 그분을 세상에 전할 수도 없습니다.

성경을 읽지 않는 사람일수록 이상한 주장이나 책에 현혹되기 쉽습니다. 한때 《다빈치 코드》라는 제목의 책이 선풍적인 인기를 끈 적이 있었습니다. 그 내용은 작가의 상상력의 산물로 전혀 신빙성이 없는 것이었습니다. 그런데도 예수님에 대한 숨겨진 진실이 드러난 것이 아닌가 하면서 혼란스러워하는 신자들이 많이 있었습니다.

그런데 그들 대부분은 성경을 거의 읽지 않는 이들이었습니다. 예수 그리스도를 올바로 알고 믿기를 원한다면, 다른 데에 눈을 돌리지 말고 성경에 집중해야 합니다. 그래서 아우구스티노 성인은 에제키엘서 34장 13절을 주석하면서 성경을 충실히 읽어야 한다는 점을 누누이 강조했습니다.

"'나는 내 양 떼를 뭇 민족 가운데서 데려오고 이 나라 저 나라에서 모아 들여 본고장으로 데리고 와서 이스라엘의 산들에서 기를 것이다.' 이스라엘의 산이란 성경의 저자들을 가리킵니다. 여러분이 안전한 데서 풀을 먹고 싶으면 성경에서 먹으십시오. 거기에서 듣는 것을 모두 다 기꺼이 맛보십시오. 그러나 성경 외에서 나오는 다른 모든 것은 거절하십시오. 안개 속에서 헤매지 않도록 목자의 목소리를 잘 들으십시오. 성경이라는 산 위에 모여 드십시오. 거기에는 여러분 마음의 기쁨이 있고 독성이나 해로운 것이 조금도 없습니다. 그것은 가장 비옥한 목장입니다. 건강한 양들이여, 찾아가 이스라엘의 산에서 풀을 먹으십시오."《성무일도 IV》, 한국천주교중앙협의회, 1991)

그리스도를 만나는 기쁨을 누리기 위해 성경을 가까이 두고서 자주 읽고 묵상하는 신자들이 좀 더 많아지면 좋겠습니다. 미국의 어떤 신부님은 신자들에게 성경을 책꽂이에 두지 말고 베게 위에 놓아두라고 권고했다고 합니다. 밤에 잠자리에 들려면 베개 위에 놓인 성경을 다른 곳으로 치우고, 아침에 일어나면 다시 베개 위에 놓아두어야 하니까 아침저녁으로 성경을 잡을 기회가 생길 것이고, 그 기회를 이용해 한 쪽이라도 읽으라는 것이지요. 우스꽝스러운 아이디어 같지만, 어떻게 해서든 성경을 가까이 두고 접할 기회를 만든다는 점에서는 일리가 있는 제안이라 하겠습니다.

우리 모두 성경 말씀을 자주 읽고, 묵상하면서 거기에 맛 들이면 좋겠습니다. 그럴 때 예수 그리스도와 더욱 가까워져 그분을 만나는 기쁨을 누리면서 새로운 열정으로 신앙생활을 할 수 있습니다. 성부께서 맡기신 구원 사명을 끝까지 수행하신 예수님은 온갖 난관과 방해를 헤쳐 가면서 복음을 선포하셨습니다. 우리 또한 신앙생활을 하고 복음을 전하는 과정에서 많은 난관과 방해를 만납니다. 하지만 예수님의 말씀을 "우리 발에 '등불', 우리 길에 '빛'"(시편 119,105 참조)으로 삼는다면, 우리 역시 그분처럼 온갖 어려움 속에서도 복음을 전하며 기쁘게 살아갈 수 있습니다. 세상은 '역경 속에서도 행복하게 사는 사람들'을 갈구하고 있습니다.

기도로
자라나는 신앙

한국천주교 평신도사도직단체협의회가 발간한 《평신도》(2013, 여름)에 게재된 〈신앙에 물 주기 – 기도 편〉의 내용을 확충한 것입니다.

우리를 낳신과의 친교로 초대하시는 하느님은 우리가 그 초대에 응답하기를, 바꿔 말하면 신앙인이 되기를 바라십니다. 왜 그러실까요? 사랑 자체이신 하느님과 하나 되어 사는 것이 우리에게 참된 행복이기 때문입니다. 사람은 자신을 사랑하는 이와 함께 있으면 기쁨과 행복을 느낍니다. 그런데 사람이 하는 사랑은 조건적이고 지속적이지 못하기 때문에 곧 깨어지거나 식어서 실망과 상처를 안겨 주기 일쑤입니다. 하지만 하느님이 주시는 사랑은 그렇지 않습니다.

예수님을 통해 드러난 하느님의 사랑은 무조건적이

고 지속적입니다. 예수님은 십자가 상에서 당신을 못 박는 사람들을 용서해 달라고 성부에게 기도하셨고(루카 23,34 참조), 위기의 순간에 스승을 저버린 못난 제자들을 부활 후에 다시 부르셔서 사도로 삼으셨습니다(요한 20,21 참조). 또한 당신을 세 번이나 배반했던 베드로에게 교회를 이끌어 나갈 목자의 직무를 맡기셨습니다(요한 21,15-19 참조). 이렇게 무조건이고 헌신적인 사랑, 상황과 기분에 따라 이랬다저랬다 하지 않는 항구한 사랑이 바로 하느님이 우리에게 베푸시는 사랑입니다.

하느님은 우리가 당신과 하나 되어 당신의 참된 사랑 안에서 진정으로 행복하기를 원하십니다. 그래서 우리를 당신과의 친교로 초대하십니다. 신앙인은 그 초대에 응답하는 사람입니다. 그러나 단 한 번 하느님의 초대에 응답했다고 해서 신앙인이 되는 것은 아닙니다. 신앙인은 그 응답이 흔들림 없이 굳건해지도록 지속적으로 노력하고 애써야 합니다. 결혼식에서 서로 사랑하고 신의를 지키겠다고 약속함으로써 부부의 연을 맺은 두 남녀는 일생 동안 그 약속에 충실하기 위해 많은 노력을 기울여야 합니다. 신앙인도 이와 마찬가지로 하느님의 부르심에 응답한 후에는 그 응답에 충실하게 살기 위해 끊임없이 노력해야 합니다.

그러면 어떤 노력을 해야 할까요? 가장 앞자리를 차지하는 것이 기도입니다. 기도는 하느님과 만나는 시간입니다. 사람과의 관계가 만남을 통해서 돈독해진다면 하느님과의 관계는 기도를 통해서 돈독해집니다.

누구보다도 성부와 깊은 친교 속에 사셨던 예수님은 꾸준히 기도하셨습니다. 그분은 밤늦게 외딴 곳에 가서, 혹은 제자들이 아직 잠자고 있는 이른 아침에 홀로 깨어나 기도하셨습니다. 식사할 틈도 없이 바쁘게 사셨지만 자주 아버지 하느님에게 기도하는 시간을 마련하셨지요. 또한 중요한 순간마다 기도하셨습니다. 열두 사도를 뽑기 전에도 밤새워 기도하셨고, 수난을 앞두고

겟세마니 동산에서 피땀을 흘리며 기도하셨습니다(루카 22,39-44 참조).

기도는 예수님 삶의 원동력이었습니다. 기도 덕분에 여기저기 옮겨 다니면서 복음을 선포하시고 몰려드는 아픈 이들과 가난한 이들을 돌보는 바쁜 일상을 견디실 수 있었습니다. 또한 제자들의 지속적인 이해 부족과 나약함에 낙담하지 않으시고, 반대자들의 비난과 저항에도 굴하지 않으시면서 십자가 죽음에 이르기까지 굳건히 하느님 아버지의 뜻을 실천하실 수 있었던 것도 기도의 힘이었습니다.

주님이 기도하셨으니 그분을 믿는 이들도 당연히 기도해야 합니다. 기도하지 않으면 하느님의 부르심에 응답하려는 마음이 서서히 약해집니다. 그런 가운데 점점 영적인 귀가 닫히고 마음이 메말라 가면서 하느님의 말씀이 따분하게 여겨지고, 세상의 목소리에 솔깃하게 됩니다. 물을 주지 않으면 화초가 시들어서 말라 죽듯이 기도하지 않으면 신앙은 생기를 잃고 사라져 버립니다. 그러면 어떻게 기도해야 할까요?

우선 기도는 매일, 꾸준히, 규칙적으로 해야 합니다. 경기도 남양주시에 있는 성 베네딕도회 요셉 수도원 원장을 역임했던 이수철 신부님은 바로 이런 점을 강조합니다.

"'감정이나 기분에 따라 기도하지 말고 좋든 싫든, 기쁘든 슬프든 의지적으로 매일, 꾸준히, 규칙적으로 기도하십시오.' 이것이 기도 생활의 기본 원리입니다. 우리의 기도 생활은 요령이나 지름길도 없고 도약이나 비약도 없습니다. 기도는 이론이나 기술이 아니라, 삶이요, 실천이요, 수행입니다. 잘하고 못하고가 없고 지금부터 시작하면 됩니다.

기도 생활은 단거리 경주가 아니라 장거리 경주와 같습니다. 뭔가 특별한 것을 기대하지 마십시오. 기도

생활에 뭔가 특별한 것을 기대하는 것은 바람직하지 못합니다. 나무가 며칠 사이에 부쩍 자라는 게 아니라 꾸준히 보이지 않게 자라듯 기도 생활의 성장도 그러합니다. 꽃이 피었다 하여 당장 열매를 기대할 수 없고 열매가 익어 가는 때를 기다려야 하듯 기도의 열매도 그러합니다. 그러니 열매의 결과는 하느님께 맡기고 쉬지 않고 꾸준히 하면 마침내 이룰 수 있다는 믿음으로 소처럼 한 걸음 한 걸음 항구히 기도하십시오."(이수철, 〈영원한 청춘을 살 수 있는 방법〉, 《생활성서》, 2009년 6월호)

이 신부님의 권고대로 우선 기도는 "의지적으로 매일, 꾸준히, 규칙적으로" 해야 합니다. 예수님도 제자들에게 "낙심하지 말고 끊임없이 기도하라."(루카 18,1 참조) 하고 명하셨습니다. 운동도 의지적으로 매일, 꾸준히, 규칙적으로 해야 효과가 있듯이 기도도 그렇습니다. 한국의 순교자들이 바로 그렇게 기도하셨지요. 그들은 신부님을 만나서 성사의 도움을 받을 기회가 매우 적었지만 꾸준히 아침 기도, 저녁 기도, 묵주 기도 등을 바치면서 신앙생활을 했습니다. 그리고 이런 기도 생활에서 힘을 얻어 두려움을 떨쳐 버리고 웃으면서까지 죽음을 맞이할 수 있었습니다.

우리 역시 일상 기도를 꼬박꼬박 바치다 보면 기도의 힘을 느낄 수 있습니다. 간혹 기도가 무미건조하게 느껴지더라도, 때로는 분심과 졸음이 섞인 기도라도 매일, 꾸준히, 규칙적으로 바치는 것이 바람직합니다. 그러면 비록 특별한 느낌, 위로의 목소리, 뜨거운 감정은 없더라도 하느님이 내 곁에 계신다는 든든함을 느끼면서 마음의 평화와 확신을 얻을 수 있습니다.

캐나다의 오블라티 선교 수도회의 로널드 롤하이저 신부님은 자신의 기도 체험을 이렇게 설명합니다.

"깊이 있는 기도란 하느님과 특별히 가까이 있었던 체험의 시간이 아니며, 신적 신비에 깨어 있는 시간도 아니다. 그러면 얼마나 좋겠는가! 기도는 분심으로 가득 찼고, 내적 방황과 졸음과 혼란과 지루함이었다. 그러나 드물게 기쁠 때가 있다. 주님의 현존 안에서 머무르거나, 느끼고, 생각하고, 감지하고, 체험한 것을 조금도 감추지 않고 주님 앞에 보여 드릴 때 그 사실은 주님을 기쁘게 해 드린다. 주님이 어떤 식으로든 어디에서든 나를 사랑하심을 나는 알고 있다. 사람에게 안기는 느낌을 받지 못할지라도, 위로의 목소리 같은 소리를 듣지 못할지라도, 누군가의 얼굴에 가득한 미소를 보지 못할지라도 하느님이 나를 사랑하고 계시다는 것을 나는 알고 있다. 비록 내가 알아채지 못할지라도 하느님은 여전히 내게 말씀하시고 나를 보시고 껴안고 계신다."(로널드 롤하이저, 《성聖과 성性의 영성》, 성바오로, 2006)

둘째, 매일 꾸준히 규칙적으로 기도하되, 항상 하느님의 뜻을 앞세워야 합니다. 기도에는 개인적인 감사, 청원, 탄원, 호소 등 다양한 내용을 담을 수 있습니다.

그러나 꼭 포함시켜야 하는 것은 내 뜻보다는 하느님의 뜻이 이루어지기를 청하는 것입니다.

이런 기도의 모범을 보이신 분이 예수님이십니다. 그분은 제자들에게 '주님의 기도'를 가르쳐주시면서 아버지의 뜻이 이루어지기를 청하라고 하셨습니다(마태 6,10 참조). 그리고 수난을 앞두고 당신 스스로 그렇게 기도하셨습니다.

> "아빠! 아버지! 아버지께서는 무엇이든 하실 수 있으시니, 이 잔을 저에게서 거두어 주십시오. 그러나 제가 원하는 것을 하지 마시고 아버지께서 원하시는 것을 하십시오."(마르 14,36)

하느님은 예수님에게 수난의 잔이 비켜 가는 길을 허락하지 않으셨고, 당신 뜻대로 십자가를 지게 하셨습니다. 그것이 바로 인류를 죄와 죽음의 세력에서 구하는 길이었기 때문입니다.

하느님은 당장 눈앞의 즐거움이 아니라 궁극적인 행복을 원하십니다. 그래서 때로는 내가 청하는 것과는 다른 것을 이루어 주십니다. 출세하고 싶어서 탁월한 능력을 청했는데 순종을 배우라고 나약함을 주시기도 합니다. 많은 일을 하고 싶어서 건강을 청했는데 보다 큰 선을 이룰 수 있도록 병고를 주시기도 합니다. 돈을 많이 벌어서 행복해지기를 청했는데 지혜로운 자가 되도록 가난을 주시기도 합니다.

셋째, 개인적인 기도만이 아니라 교회가 마련한 기도 또한 중요하게 받아들여야 합니다. 베네딕토 16세 교황님은 《나자렛 예수》라는 책에서 우리의 기도는 어떠해야 할지 알려 주셨습니다. 우선 그분은 개인의 관심사를 기도 내용으로 삼을 수 있고, 삼아야 한다고 역설하셨습니다.

"기도는 무엇보다도 우리 마음에서, 우리의 아쉬움에서, 희망에서, 기쁨에서, 우리가 당하는 재난에서, 죄에 대한 부끄러움에서, 그리고 좋은 것을 받고 감사하는 마음에서 우러나올 수 있고 또 마땅히 그래야 한다. 그래야 기도가 온전히 개인적인 기도가 될 수 있다."(교황 베네딕토 16세, 《나자렛 예수 1》, 바오로딸, 2012)

일상생활에서 겪는 희로애락에서 진솔하게 우러나오는 개인적 기도는 우리를 하느님에게 가장 가까이 데려가는 형태의 기도임에 틀림이 없습니다. 이런 자발적이고 자유로운 기도는 생생한 느낌을 줍니다. 하지만 자칫하면 잘못된 방향으로 흘러갈 위험도 있습니다. 자신의 원의에 집중하다 보면 하느님의 뜻과는 다른 것을 청할 수도 있기 때문입니다. 교회의 기도문은 이런 위험에 빠지지 않도록 도와주면서 기도를 배우도록 이끌어 줍니다.

그래서 베네딕토 16세 교황님은 교회 기도문의 중요

성을 강조하셨습니다.

"우리는 기도문에 기댈 필요도 있습니다. 기도문은 온 교회와 각 사람이 하느님을 만나는 가운데 형성된 것입니다. 따라서 기도문의 도움이 없다면 우리 각자의 기도와 하느님상像은 주관적인 것이 되고, 살아 계신 하느님이라기보다 우리 자신을 투사하는 것에 지나지 않을 것입니다."

교회의 기도문은 기도를 가르쳐 주는 학교로서, 우리가 자신이라는 울타리를 넘어서 하느님과 이웃에게 자신을 개방하는 법을 가르쳐 줍니다. 가톨릭 교회는 이런 기도문을 기도서와 전례서에 수록해 놓았습니다. 때로는 기도서에 글로 고정된 기도나 미사 중에 반복되는 기도문이 따분하게 여겨질 수도 있습니다. 하지만 그것은 우리 신앙의 선조들이 목숨 바쳐서 지킨 참된 신앙과 지혜가 배어 있는 기도입니다. 교회의 기도문에 맛 들이도록 노력해야 할 것입니다. 건강에 좋은 음식이 자극적이지 않고 다소 심심하듯이 영신 건강에 좋은 기도 역시 자극적이지 않고 다소 심심합니다.

우리는 매일, 꾸준히, 규칙적으로 그리고 아버지의 뜻이 이루어지도록 교회와 함께 기도해야 합니다. 그럴 때 하느님과의 '채널'이 계속 열려 있게 되어, 그분의 부르심을 더 분명하게 듣고 그분의 손길을 더 확실하게 감지하게 됩니다. 달리 표현하면 기도를 통해 하느님과의 관계가 튼실하게 지속될 수 있다는 것입니다. 이런 관계가 지속될 때 우리 존재의 내밀한 곳에 계시는 하느님 사랑의 영이 우리를 영적으로 건강하게 살도록 이끌어 주실 것입니다. 그 영의 도움으로 신앙에 위협이 되는 요소들을 밝은 눈으로 식별할 수 있고 그것을 이겨 낼 힘도 얻게 됩니다.

하느님의 부르심에 합당하게 응답하여 그분과의 친교 안에 머무는 것이 구원입니다. 구원은 하느님의 선물이지만, 기도 없이는 그 구원 안에 머무를 수 없습니다. 그래서 아우구스티노 성인은 "혹시 성사 없이는 구원될 수 있을지 몰라도 기도 없이는 구원될 수 없다."라는 말을 남겼습니다. 기도하는 사람은 이미 이 세상에서 구원의 기쁨을 맛볼 수 있습니다.

항구한 기도로써 신앙이 성장하면 하느님과의 친교가 돈독해집니다. 그런 사람은 하느님과의 깊은 친교 안에 살기 때문에 뭔가 다릅니다. 성경에는 예수님이 높은 산에 오르시어 기도하시는 중에 "그 얼굴 모습이 달라지고 의복은 하얗게 번쩍였다."(루카 9,29)라고 전합니다. 꾸준한 기도로써 신앙이 성숙한 사람에게서도 역시 밝은 기운을 느낄 수 있습니다. 그런 사람은 구체적으로 어떤 모습일까요?

어느 인터넷 카페에 기도하는 사람의 모습이 이렇게 실려 있더군요.

기도하는 사람은 참 신비한 사람입니다.

기도하는 사람은 큰소리치지 않습니다.

세상 모든 일이 하느님 손바닥 안에 있는 일이라는

것을 믿고,

조용히 하느님의 때를 기다립니다.

기도하는 사람은 참 잘 참고 기다립니다.

물론 해야 할 일은 하지만,

자신이 최선을 다했다 하더라도,

그것 때문에 좋은 결과가 있으리라

너무 쉽게 자신하지 않고,

그저 하느님이 직접 일하실 것을 기다립니다.

이러한 기다림은 위대한 행위입니다.

기도하는 사람은 실망하지 않습니다.

기도하는 사람에겐 실망이란 없습니다.

아무리 앞길이 캄캄해도,
하는 일마다 제대로 되지 않고
나날이 더 힘들어지기만 해도,
기도하면 길이 열립니다.
기도하면 하느님이 결코 내버려 두시는 법이
없다는 사실을 확신하기 때문입니다.

기도하는 사람을 보면 은근함을 느낍니다.
말을 많이 하지 않지만 많은 것을 생각나게 하고,
생각하게 합니다.
그 자신도 어려운 가운데 있지만, 그를 만나면,
괜히 힘이 납니다. 희망이 솟구칩니다.
감사하고 싶은 마음이 생깁니다.

예수님의 말씀대로 신앙인은 "세상의 소금과 빛"(마태 5,13-14 참조)이 되어야 합니다. 이 사명은 혼자 힘으로는 되는 것이 아니라 기도를 통한 하느님의 도우심이 있어야 수행할 수 있습니다. 기도하며 신앙이 무르익은 신앙인은 위의 글이 잘 표현하듯이 겸손, 인내, 확신, 희망의 삶을 살아갑니다. 이런 성숙한 신앙인들이 많아질 때 교회가 쇄신되고 정화되어서 예수 그리스도를 "마치 눈에 보이듯이 제시"(사목 헌장 〈기쁨과 희망〉, 21항)할 수 있을 것입니다.

교회의 가르침으로
다져지는 신앙

신앙인은 우리를 당신과의 친교로 부르시는 하느님의 초대에 응답한 사람입니다. 이 초대에 합당하게 응답하기 위해서는 그분의 말씀에 귀 기울이고, 기도로써 자주 그분과 대화를 나누어야 합니다.

그런데 세상에는 악의 세력이 활동하면서 하느님의 말씀을 듣지 못하게 하거나 왜곡하는 일이 자주 일어납니다. 악의 세력은 세상이 시작할 때부터 인간을 간교하게 유혹하여 죄를 짓게 만들었습니다(창세 3,1-7 참조). 그 세력은 지금도 여전히 인간을 현혹시켜서 그릇된 길로 유도하고 있습니다.

성경은 거짓 교사들의 위험을 분명하게 경고합니다.

"이스라엘 백성 가운데에 거짓 예언자들이 일어났던 것처럼, 여러분 가운데에도 거짓 교사들이 나타날 것입니다. 그들은 파멸을 가져오는 이단을 끌어들이고, 심지어 자기들을 속량해 주신 주님을 부인하면서 파멸을 재촉하는 자들입니다."(2베드 2,1)

바오로 사도는 악의 세력이 때로는 선으로 위장하고 나타난다는 것을 유의하라고 당부합니다.

"놀랄 일이 아닙니다. 사탄도 빛의 천사로 위장합니다. 그러니 사탄의 일꾼들이 의로움의 일꾼처럼 위장한다 하여도 이상한 일이 아닙니다."(2코린 11,14-15)

신앙인은 "낯선 사람들의 목소리"(요한 10,5)에 현혹되지 말고 '주님의 목소리를 알아듣고 한 목자 아래 한 양 떼'(요한 10,16 참조)에 속해 있어야 합니다.

하느님은 교회의 목자들을 통해서 당신의 자녀들이 악의 세력에 현혹되어 오류에 빠지지 않도록 도와주십니다. 부활하신 예수님은 승천하시기 전에 베드로와 다른 사도들에게 만민을 가르치고 모든 사람에게 복음을 선포할 사명을 주셨습니다(마태 28,18-20 참조).

복음의 진리를 선포하는 직무, 곧 교도권敎導權은 사도들의 후계자인 주교들에게 전수됩니다. 주교들과 주교단의 단장인 교황은 "진리의 영"(요한 16,13)이신 성령의 도우심으로 계시된 진리를 올바로 해석하면서 신앙을 수호하고 오류를 경계하는 사명을 지니고 있습니다. 이렇게 하느님은 당신의 백성이 "자유를 주는 진리"(요한 8,32 참조) 안에 머무를 수 있도록 목자들을 통해 보살펴 주십니다. 이런 점은 이미 초대 교회에서도 잘 드러납니다.

교회는 처음에 유다인 출신 그리스도 신자들로 구성되었는데, 왕성한 선교 활동 덕분에 많은 이방인들이 교회에 들어오게 되었습니다. 이로 말미암아 교회가 번성하고 활기가 충만해졌지만, 동시에 어려운 문제도 생겨났습니다. 첫 번째 당면한 문제는 유다인들이 조상 대대로 소중히 여기면서 준수해 왔던 모세의 율법을 둘러싼 갈등이었습니다.

바오로 사도가 강조한 대로 그리스도를 믿고 그분과 하나 되는 세례를 받은 사람은 누구나 그리스도를 옷 입듯이 입었고, 그리하여 유다인이든 이방인이든 아무런 차별 없이 구원의 상속자가 됩니다(갈라 3,27-29 참조). 구원을 받는 데에 결정적인 것은 그리스도에 대한 믿음이고, 다른 것들은 부차적입니다.

그런데 사도행전 15장을 보면 일부 유다인 신자들이 여기에 이의를 제기합니다. 이방인 출신 신자들이 구원을 받기 위해서는 그리스도에 대한 믿음만이 아니라 유다인들이 지켜 오던 모세의 율법도 반드시 지켜야 한다고 주장하기 시작한 것입니다. 그리고 그들 중 몇몇이 안티오키아 교회에 가서 모세의 관습에 따라 할례를 받아야 구원받을 수 있다고 선동하여 물의를 빚습니다. 안티오키아 교회의 지도자인 바오로와 바르나바는 이들과 격렬한 논쟁을 벌인 끝에 대표자들과 함께 예루살렘 모(母)교회로 가서 문의를 합니다.

이 문제로 논의를 벌인 예루살렘의 사도와 원로들은 성령의 인도로 지혜로운 결정을 내립니다. 우선 이방인 출신 신자들은 모세의 율법을 지킬 의무가 없다는 원칙을 재확인합니다. 동시에 유다인 출신 신자들을 배려하여 그들이 역겨워하는 몇 가지 사항, 곧 우상에게 바쳤던 제물과 피, 목 졸라 죽인 짐승의 고기와 불륜을 멀리하라고 당부합니다(사도 15,24-29 참조). 초대 교회 지도자들은 율법 준수 여부로 일어난 분쟁을 성령의 도움으로 원만하게 해결한 것입니다.

313년에 종교 자유를 얻은 뒤부터 교회는 교리 논쟁이나 다른 문제로 분쟁이 일어나면 공의회公議會를 소집하여 해결책을 모색하였습니다. 공의회는 지역 교회의 책임자인 주교들이 모여서 현안을 논의하는 회의입니다. 첫 번째 보편 공의회는 4세기 전반에 알렉산드리아의 사제 아리우스(250년경~336년경)가 일으킨 교리 논쟁 때문에 열렸습니다. 그는 그리스도의 신성을 인정하기는 하였지만, 하느님이 한 분이시라는 것을 논리적으로 설명하려다가 그리스도의 신성을 약화시키는 잘못을 범했습니다.

즉, 그리스도는 '한몫 낌'을 통한 하느님이시고, '어느 정도까지' 하느님일 뿐 본원적이고 완전한 의미에서의 하느님은 아니시고, 참하느님은 오직 성부뿐이시라는 것입니다. 그런데 아리우스의 주장대로라면, 그리스도는 온전한 신성을 지니지 못하셨기에 그분이 이룩하신 구원 역시 온전하지 못하다는 결론에 이르게 됩니다.

아리우스 때문에 큰 논쟁이 벌어지자 이 문제를 해결하기 위해 325년에 니케아 공의회가 개최됩니다. 공의회는 성자 그리스도는 성부와 '동일한 신적 본성'을 지닌다고 선포하고 아리우스의 주장을 배격합니다.

이후에도 교회의 일치를 심각하게 위협하는 문제가 일어날 때마다 공의회가 열려서 그릇된 가르침을 경고하고 정통 신앙을 분명하게 확립해 나갔습니다. 현재까지 스물한 번의 보편 공의회가 개최되었습니다. 가장 최근의 공의회는 요한 23세 성인 교황님(1881~1963년)이 소집하신 제2차 바티칸 공의회로서 1962년에 시작되어 1965년에 끝났습니다.

이전의 공의회들은 교회를 위협하는 심각한 문제가 발생하면 그것을 해결하기 위해 개최되었고, 그래서 결정 사항에는 그릇된 교리나 사조에 대한 단죄 선언이 포함되었습니다. 예를 들면, 이른바 종교 개혁으로 야기된 혼란을 수습하기 위해 열렸던 트리엔트 공의회

(1545~1563년)의 결정문에는 마르틴 루터를 비롯한 종교개혁자들의 일부 주장을 배척하는 내용이 들어 있습니다. 또한 제1차 바티칸 공의회(1869~1870년)에서는 당시 만연해 있던 무신론을 배척하면서 하느님이 존재하신다는 것을 믿을 교리로 선포하였습니다.

하지만 제2차 바티칸 공의회는 이단이나 반反교회 사조와 같은 문제 때문에 열린 것이 아니었기에 단죄 선언은 없었습니다. 이 공의회는 교회가 현대 시대의 징표에 응답하는 데에 목표를 두었고, 교회 역사상 처음으로 교회의 본질과 사명에 대해 집중적으로 숙고하고 논의한 '교회 공의회'였습니다. 아울러 교회가 이 세상 안에서 세상의 구원을 위해 존재한다는 점을 명확하게 확인하면서 세상과의 대결이 아닌 대화, 세상의 변화를 위한 투신을 촉구하였습니다.

이렇게 교회는 2,000년 동안 복음을 선포하는 과정에서 그릇된 가르침과 싸우면서 정통 교리를 수립하였습니다. 하느님은 성령을 통해 교회의 목자들이 진리를 추구하고 선포하는 사명을 올바로 수행하도록 도와주십니다. 그러므로 하느님의 뜻은 교회의 목자들이 선포한 가르침을 통해 분명하게 드러납니다. 하느님의 뜻을 좀 더 명확하게 알기 위해서는 교회의 가르침을 배우고 익혀야 합니다.

교회의 가르침 중에서 가장 중요한 위치를 차지하는 것이 신경信經입니다. 현재 가톨릭 교회가 미사 중에 공식적으로 고백하는 신경은 두 가지, 곧 사도 신경과 니케아-콘스탄티노폴리스 신경입니다. 사도 신경은 고대 로마 교회에서 예비 신자들에게 행한 세례 문답에서 발전한 것입니다. 반면 니케아-콘스탄티노폴리스 신경은 그리스도를 잘못 이해한 이단과의 투쟁에 대처하기 위해 열린 니케아 공의회(325년)와 콘스탄티노폴리스 공의회(381년)에서 작성되었습니다.

두 신경은 서로 다른 역사적 배경을 지녔지만 그 내용은 크게 다르지 않습니다. 곧 전능하신 창조주 하느님 아버지, 세상 구원을 위해 사람이 되시어 수난하고 부활하신 성자 예수 그리스도, 생명을 주시는 성령에 대한 고백이 주요 내용입니다.

두 신경에는 우리 신앙 선조들이 목숨을 바쳐 가면서까지 증거한 신앙, 오랜 세월을 거쳐서 검증된 정통 신앙에 관한 내용이 담겨 있습니다. 따라서 신경은 우리의 주관적 판단에 따라서 좌지우지할 수 있는 성격의 것이 아닙니다. 예루살렘의 치릴로 성인(315년경~387년)은 《예비자 교리》라는 책에서 신경을 해설하면서 이렇게 당부하였습니다.

"여러분이 배워 고백하는 신앙은 다만 지금 교회가 넘겨주는 신앙뿐이어야 합니다. 성경의 모든 권위가 그것을 뒷받침하고 있습니다. 그런데 모든 사람들이 성경을 읽을 수 있는 것은 아닙니다. 어떤 이들은 읽을 줄

몰라서 그러하고 또 어떤 이들은 너무 분주해서 그러합니다. 그래서 신앙에 대한 무지로 인해 멸망하는 영혼이 없도록 우리는 신경의 짧은 말씀에서 신앙의 모든 교리를 집약하여 제시합니다. 여러분이 이 신앙을 전 생애를 통해 나그네의 양식처럼 가지고 다니기를 명하는 바입니다. 이 신앙 외에는 다른 어느 것도 받아들이지 마십시오."(《성무일도 IV》, 한국천주교중앙협의회, 1991)

사도신경과 니케아-콘스탄티노폴리스 신경과 더불어 우리 시대의 가톨릭 신자들에게 중요한 교회의 가르침은 《제2차 바티칸 공의회 문헌》과 《가톨릭 교회 교리서》에 수록되어 있습니다. 베네딕토 16세 교황님은 2011년에 '신앙의 해'의 제정을 선포하기 위해 발표한 자의 교서 〈믿음의 문〉에서 이 두 문헌을 특별히 강조하셨습니다. 교황님은 《제2차 바티칸 공의회 문헌》이 "교회의 전통 안에서 교도권의 중요한 규범적 문헌들"

로서, 21세기에 "우리의 위치를 확인할 확실한 나침반"이며, "그 어느 때보다 필요한 교회의 쇄신에 더욱 큰 힘이 될 수 있습니다."(자의 교서 〈믿음의 문〉, 5항)라고 말씀하셨습니다. 또한 《가톨릭 교회 교리서》는 "제2차 바티칸 공의회의 가장 중요한 결실들 가운데 하나"로서, "신앙 교육을 위한 확고한 규범이며 교회의 친교를 위해 유효하고 권위 있는 도구"라고 말씀하셨습니다(자의 교서 〈믿음의 문〉, 11항).

교회 교도권의 가르침은 나침반처럼 신앙 여정에서 올바른 방향을 제시해 줍니다. 우리가 교회의 가르침에 따라 신앙생활을 할 때 그릇된 길로 빠지지 않을 수 있고, 자신의 신앙을 견고하고 확고하게 다질 수 있습니다. 교회와 함께할 때 개개인의 신앙은 더욱 튼튼해지고, 신앙생활은 올바른 방향으로 나갈 수 있습니다.

그런데 교회의 가르침을 수록한 문헌에는 내용이 어려운 부분도 있어서 그것을 읽고 이해하기가 쉽지 않습니다. 또한 베드로의 둘째 서간에도 나와 있듯이, 성경에도 이해하기 쉽지 않은 부분이 있어서 그것을 잘못 해석하는 사람들이 있습니다.

> "우리가 사랑하는 바오로 형제가 하느님에게서 받은 지혜에 따라 여러분에게 써 보낸"(2베드 3,15) 편지 "가운데에는 더러 알아듣기 어려운 것들이 있는데, 무식하고 믿음이 확고하지 못한 자들은 다른 성경 구절들을 곡해하듯이 그것들도 곡해하여 스스로 멸망을 불러옵니다."(2베드 3,16)

이렇게 성경은 물론 교회 문헌도 난해한 부분들이 있기 때문에 사제와 신학자들은 신자들이 이것을 잘 이해할 수 있도록 적극적으로 도와야 합니다. 신자들에게 교회의 가르침을 알아들을 수 있도록 전하는 것은 사제의 중요한 임무 중 하나입니다.

하느님은 당신 성자가 세우신 교회가 진리 안에 머무를 수 있도록 목자들에게 교도권을 맡기시고 성령을 통해 그들을 보살펴 주십니다. 그렇기 때문에 교회 안에 머물면서 교회의 가르침에 순종할 때 우리의 신앙은 오류에 빠지지 않을 수 있고, 복음적 이상理想도 효과적이고 지속적으로 실현할 수 있습니다. 복음에 근거를 둔 좋은 이상도 교회의 목자들과 함께하지 않으면 부작용을 낳습니다. 이런 점은 2,000년 교회 역사 안에서 종종 일어났던 이단과의 투쟁에서 잘 드러납니다.

이단자로 판명된 이들 중에도 성인 못지않게 경건하고 성실하게 산 사람들이 적지 않습니다. 그들도 성경을 열심히 읽으면서 복음적 가난과 회개의 삶을 충실하게 살기 위해 여러 가지로 노력하였습니다. 그런데 이단자들은 교계 지도자들이 자신들의 열성과 주장을 인정해 주지 않으면 반발하고 저항하다가 결국에서 교회에서 멀어집니다. 그들은 자신의 열심과 경건을 '무기'

로 교계 지도자와 대립각을 세우기도 했습니다.

하지만 성인들은 달랐습니다. 그들은 아무리 자신의 생각이 옳고, 자신의 삶이 경건하다고 생각하더라도, 교도권을 지닌 목자들에게 대항하기보다는 순명하는 길을 택했습니다. 이와 관련된 좋은 예가 리옹의 발두스(1140년경~1217년)와 아시시의 프란치스코 성인(1181/1182~1226년)입니다.

두 사람은 거의 동시대에 살았고, 모두 부자였습니다. 발두스는 프랑스 리옹의 부유한 상인이었고, 프란치스코는 아시시의 부유한 포목상의 아들이었지요. 두 사람은 모두 예수님이 사도들을 파견할 때 하신 말씀에 감동을 받아 철저한 가난의 삶을 선택하게 됩니다.

> "너희가 거저 받았으니 거저 주어라. 전대에 금도 은도 구리 돈도 지니지 마라. 여행 보따리도 여벌 옷도 신발도 지팡이도 지니지 마라."(마태 10,8-10)

발두스는 이 말씀대로 살려고 전 재산을 팔아 가난한 이들에게 나누어 주고, 추종자들과 함께 온 나라를 다니면서 사람들에게 복음을 설교합니다. 그런데 자신이 가난하게 살려고 한 것에서 더 나아가, 교회와 성직자들이 너무 부유하다고 비난하는 바람에 지역 주교와 마찰을 빚게 됩니다. 리옹의 주교는 평신도에게는 설교권이 없다는 이유를 들어 발두스의 공개 설교를 금지합니다. 발두스도 이에 맞서 교황에게 상소를 올립니다. 그러나 그 청원이 받아들여지지 않자 크게 반발하여 성직자들에 대한 비난의 강도를 높입니다. 발두스와 그 추종자들은 '사람에게 순명하는 것이 아니라 하느님께 순명해야 한다.'면서 자신들처럼 스스로 모든 것을 희생하고 완전히 청빈한 삶을 사는 사람만이 그리스도를 선포할 권리가 있다고 주장합니다. 결국 발두스에 의해 설립된 발도파Waldenses는 파문을 당해 교회에서 떨어져 나가게 됩니다.

프란치스코 성인도 복음적 가난을 살려는 열성에 불탔던 인물입니다. 그는 부자 아버지의 유산을 포기하면서 모든 것을 버리고 가난의 삶을 살아갑니다. 하지만 발두스와는 달리 활동 초기부터 교회의 지도하에 살 것을 원하였고, 동료들에게도 예수님뿐만 아니라 교회의 지도자들에게 순종할 것을 명하였습니다.

"어머니이신 거룩한 교회의 고위 성직자들과 다른 모든 성직자들에게 충성을 다하고 항상 순종하십시오."
(프란치스코회, 《성 프란치스꼬와 성녀 글라라의 글》, 분도출판사, 1985)

또한 교계 지도자들이 복음적 가난과는 다른 삶을 살더라도 비판보다는 존경으로 대할 것을 형제들에게 권고했습니다.

"로마 교회의 관습을 따라 올바르게 생활하는 성직자들에 대해 신앙심을 가지는 종은 복됩니다. 그리고 이분들을 업신여기는 사람들은 불행합니다. 비록 그분들이 죄인들이라 해도 주님 자신만이 이들을 판단하는 것을 당신 자신에게 유보시키시기에 아무도 이분들을 판단하지 말아야 합니다."

이렇게 프란치스코 성인은 교회의 교도권을 존중함으로써 백성의 신뢰는 물론 교황과 주교들의 신뢰도 얻었습니다. 성인의 복음적 이상은 교회의 인정과 지원 속에서 빠른 시간 내에 전 교회로 확산되어 교회의 면모를 새롭게 하는 데 큰 기여를 합니다. 프란치스코 성인의 이상과 삶은 지금까지 그랬던 것처럼 앞으로도 계속 큰 영향력을 발휘할 것입니다.

리옹의 발두스와 아시시의 프란치스코 성인 모두 복음적 가난을 이상으로 삼고, 열정적으로 그것을 살아가기 위해 노력했습니다. 하지만 교회의 쇄신에 이바지하고 후대에까지 지속적인 영향을 미친 것은 교회와 함께 갔던 프란치스코 성인이었습니다. 발두스는 훌륭한 이상을 지녔지만, 교계 지도자들과 대립하는 길로 갔기 때문에 안타깝게도 결실을 맺지 못하였습니다.

예수회를 창설한 스페인의 이냐시오 데 로욜라 성인(1491~1556년)도 프란치스코 성인처럼 교회에 순명하는 길을 충실히 따라갑니다. 그는 교회가 진리의 보루라는 것을 확신하면서 교계 지도자들에 대한 순종을 매우 중요하게 여겼습니다. 그래서 다른 이들에게 다음과 같이 가르쳤습니다.

"모든 일에 있어서 우리는 그리스도의 진정한 배필이며 우리의 거룩한 어머니이신 교계 교회에 기꺼이 즉시 순명할 마음을 지녀야 한다."(로욜라의 성 이냐시오,《영신 수련》, 이냐시오 영성연구소, 2005)

성인들이 삶으로 보여 주었듯이 우리 역시 참된 신앙을 위해서는 교도권을 지닌 목자들, 곧 사도들의 후계자인 주교들, 그리고 주교단의 단장인 교황과의 일치 안에 있어야 합니다. 예수님은 "내가 보내는 이를 맞아들이는 사람은 나를 맞아들이는 것이고, 나를 맞아들이는 사람은 나를 보내신 분을 맞아들이는 것이다."(요한 13,20)라고 말씀하셨습니다. 예루살렘의 첫 신자 공동체는 "사도들의 가르침을 받고 친교를 이루며"(사도 2,42) 살았습니다.

이런 사실을 통해 참된 신앙은 교회의 가르침과 합치해야 한다는 것이 분명하게 드러납니다. 사람이 아무리 똑똑하다고 해도, 성령의 보살핌으로 2,000년을 견뎌 온 교회보다 더 똑똑할 수는 없습니다. 교회의 가르침과 일치하는 신앙생활을 할 때 우리의 신앙은 진리 안에서 견고해지고 풍성한 결실을 맺을 것입니다.

미사로
하나 되는 신앙

하느님은 우리를 당신과의 친교로 초대하시고, 우리는 그 초대에 합당하게 응답함으로써 신앙인이 됩니다. 그런데 하느님은 나만이 아니라 우리 모두를 초대하시고, 모두가 그 초대에 응답하여 당신의 백성으로 살아가기를 원하십니다. 성부께서 성자와 성령을 통해 교회를 세우신 것도 바로 그런 이유 때문입니다.

사람은 부모에게서 생명을 받고 가정과 사회라는 공동체 안에서 사람답게 성장합니다. 마찬가지로 신앙인도 교회 공동체를 통해 신앙을 전달받고, 그 안에서 신앙적으로 성장합니다. 사람은 부모의 가르침을 듣고,

어머니가 해 주시는 음식을 먹으며, 가족의 화목한 분위기에서 정신적으로, 또 육체적으로 성장합니다. 신앙인의 성장도 이와 흡사합니다. 교회 공동체 안에서 선포되는 하느님의 말씀을 듣고, 여러 성사가 전해 주는 은총을 받으면서, 교회 구성원들 간의 친교를 통해 신앙이 자라납니다.

교회를 통해 참된 신앙이 보존되고 전달되며, 교회 안에서 신앙을 키워 간다는 의미에서 교회는 우리 신앙의 보루이며 요람입니다. 교회 안에 머물면서 교회와 함께 갈 때 신앙의 불꽃이 꺼지지 않을 수 있습니다.

아무리 활활 잘 타오르는 석탄이라고 해도 난로에서 꺼내 바깥에 내놓으면 얼마 가지 않아 식어서 꺼져 버립니다. 마찬가지로 교회 공동체에서 멀어지면 신앙이 쉽게 식어 버립니다. '빨리 가려면 혼자 가고, 멀리 가려면 함께 가라.'는 아프리카의 속담처럼 신앙이 식지 않고 지속되기 위해서는 다른 신앙인들과 함께 가야 합니다.

신앙의 보루이며 요람인 교회는 신앙의 빛을 세상에 비춰야 합니다. 예수님은 교회의 초석이 될 제자들에게 "세상의 빛"(마태 5,14)이 되라고 말씀하셨습니다. 이 말씀은 교회의 구성원인 우리 각자에게도 해당됩니다. 우리가 몸담고 사는 세상에는 어둠이 짙게 깔려 있습니다. 자신의 이익과 편의를 위해서라면 이웃은 물론 하느님과 교회도 외면하는 경향이 점점 더 강해집니다. 그러나 교회가 예수님이 가르쳐 주신 핵심 계명(마태 22,37-40 참조)에 따라 현재의 세상과는 다른 모습으로, 곧 온 마음과 목숨과 정신을 다해 하느님을 사랑하고, 이웃을 내 몸같이 사랑하면서 살아간다면, 빛이 되어 세상의 어둠을 흩어 버릴 수 있습니다.

신앙인인 우리는 각자 자신의 위치에서 빛이 되어야 합니다. 하지만 혼자서 빛의 역할을 하기에는 세상의 저항이 너무 거셉니다. 등불 하나로도 주위의 어둠을 밝힐 수는 있지만, 바람이 거세게 불면 꺼져 버리기 쉽습니다. 신자들이 합심해서 함께 등불이 되고자 한다면, 힘은 덜 들고 효과는 더 커질 것입니다. 신앙인 한 사람은 작은 등불의 역할을 하지만, 신앙인들이 모인 교회 공동체는 등대의 역할을 할 수 있습니다.

이렇게 교회가 세상의 어둠을 비추는 든든한 등대 역할을 하려면 신자들이 그리스도 안에서 서로 화합하고 일치해야 합니다. 교회에는 서로 다른 사람들이 모이지만, 그들은 모두 한 분이신 주님을 믿으면서 세례를 받고 한 분이신 하느님을 섬기는 하나의 공동체가 되어야 합니다. 비유로 말하면, 갖가지 색깔의 유리 조각이 합쳐져서 하나의 아름다운 그림을 이루는 스테인드글라스처럼 교회는 서로 다른 사람들이 한 분이신 하느님 안에서 조화와 일치를 이루는 아름다운 공동체를 이루어야 합니다.

물론 이런 공동체를 실현하는 일은 결코 쉽지 않습니다. 교회의 초석이라고 할 수 있는 사도들도 마찬가지였습니다. 열두 사도들은 서로 다른 배경과 기질을 갖고 있어서 하나 되기가 쉽지 않았습니다. 사도 중에는 세리도 있고 열혈 당원도 있었는데, 이들은 여러모로 함께하기 어려운 사람들이었습니다. 세리는 당시 이스라엘의 점령 세력인 로마인들의 하청을 받아 세금을 징수하면서 불의한 이득을 챙기는 사람이었습니다. 반면 열혈당원은 점령 세력인 로마에 저항하여 무력 투쟁도 불사하는 사람들이었습니다. 이 둘은 말하자면 우리나라의 일제 강점기에 친일파와 독립군처럼 서로 대립하는 관계였습니다. 이렇게 서로 다른 이들이 하나의 공동체가 될 수 있었던 것은 그들 가운데 예수님이 계셨기 때문이었습니다. 물론 열두 사도의 배경과 기질이 모두 달랐기에 때로는 서로 질시하며 못마땅하게 여길 때도 있었습니다(마르 10,35-41 참조).

예수님은 제자들의 이런 모습을 잘 알고 계셨고, 그들이 일치를 이루기 어렵다는 것도 충분히 알고 계셨습니다. 바로 그런 이유로, 예수님은 최후의 만찬에서 그들의 일치를 위해 간절히 기도하셨습니다.

"거룩하신 아버지, 아버지께서 저에게 주신 이름으로 이들을 지키시어, 이들도 우리처럼 하나가 되게 해 주십시오."(요한 17,11)

아버지와 아들, 곧 성부와 성자가 하나인 것처럼 제자들도 서로 하나가 되기를 간절히 기도하신 것입니다. 제자들은 예수님이 부활하신 후 성령의 도움으로 서서히 서로의 차이를 극복해 가면서 자신들에게 맡겨진 복음 선포의 사명을 충실히 수행하였습니다.

교회도 사도들처럼 서로 다른 사람들이 모인 곳입니다. 그렇기 때문에 예수님을 중심에 모시고 서로의 차

이를 극복하려고 노력할 때 조화로운 공동체가 될 수 있습니다. 교회가 하나의 공동체라는 것이 가장 분명하게 드러나는 곳이 바로 미사입니다.

미사는 가톨릭 교회의 중심 전례로서, 예수님이 성령을 통해 현존하시는 예식입니다. 2,000년 전에 배경과 기질이 서로 다른 제자들을 하나로 불러 모으신 예수님은 지금도 미사 안에 현존하시면서 서로 다른 우리들이 신앙 안에서 하나가 되도록 이끌어 주십니다. 미사 안에 현존하시는 예수님의 은총에 힘입어 주님과의 일치, 그리고 신자들 간의 일치가 드러나고 깊어집니다. 몇 가지 예를 들어 보겠습니다.

주님과의 일치 그리고 주님을 믿는 이들 간의 일치는 미사 시작에서부터 드러납니다. 미사는 성부와 성자와 성령의 이름으로 성호를 그으면서 시작됩니다. 우리는 성호경을 바치면서 우리가 삼위일체 하느님의 자녀임을 고백합니다. 세례성사를 받음으로써 하느님의 자녀로 새롭게 태어난 신앙인들은 성호경을 통해서 이 사실을 재차 인정하고 확인하는 것입니다. 또한 성호경을 함께 바치는 신자들은 하느님을 '성부', 곧 거룩하신 아버지로 고백함으로써 서로 형제자매가 됩니다. 그리스도교 신자들은 비록 육친의 부모는 각기 다르지만 신앙 안에서 하느님을 아버지로 모시는 한 가족인 것입니다. 이렇게 우리는 성호경으로 미사를 시작하면서 주님과의 일치, 신자들 간의 일치를 이룹니다.

이런 일치는 말씀 전례 중에서도 찾아볼 수 있습니다. 신자들은 모두 그날의 독서와 복음을 함께 들으면서 주님이 들려주시는 말씀에 집중합니다. 자신의 생각을 뒤로 하고 주님의 말씀에 귀를 기울임으로써 그분과의 일치를 추구하는 것입니다. 아울러 주님의 말씀을 듣고 따르려는 이들은 예수님이 말씀하신 것처럼 그분의 가족이 됩니다.

"내 어머니와 내 형제들은 하느님의 말씀을 듣고 실행하는 이 사람들이다."(루카 8,21)

이렇게 우리는 말씀 전례 중에 주님의 말씀을 경청하면서 그분과의 일치는 물론 신자들 간의 일치를 실현해 갑니다.

또한 '사도 신경'이나 '니케아-콘스탄티노폴리스 신경'으로 신앙을 고백하는 가운데 이런 이중의 일치가 이루어집니다. 두 신경에는 가톨릭 교회가 2,000년간 소중하게 간직해 온 삼위일체 하느님에 대한 신앙이 보존되어 있습니다. 이 신앙을 공적으로 고백하면서 우리가 삼위일체 하느님에게 속한 사람이라는 것을 천명하는 것입니다. 또한 전 세계의 가톨릭 신자들이 미사 중에 면면히 이어져 내려온 교회의 신앙을 고백하는 가운데 신자들 간의 일치가 이루어집니다. 곧 시간적으로는 같은 신앙을 고백하고 지켜 왔던 모든 신앙의 선조들과 하나가 되고, 공간적으로는 전 세계에 퍼져 있는 가톨릭 신자들과 하나가 됩니다.

미사의 후반부인 성찬 전례는 예물 준비로 시작되는데, 여기서도 주님과의 일치, 신자들 간의 일치가 드러납니다. 우리 주님이신 예수님은 온 생애 동안에, 그리고 마지막에는 십자가 위에서 당신 자신을 희생 제물로 바치셨습니다. 그 덕분에 우리는 죄와 죽음의 손아귀에서 벗어나게 되었습니다. 우리는 예물 봉헌을 통해 자신을 바치심으로써 우리를 구원하신 예수님께 감사드리는 한편, 그분을 본받아 가진 바를 나누는 것입니다. 예수님과 일치하여 그분을 닮아 어려운 이들을 위해 가진 것을 나눔으로써 그들과 일치하게 됩니다.

마침내 성찬 전례의 핵심인 영성체에서 주님과의 일치, 신자들 간의 일치가 정점에 이르게 됩니다. 예수님이 친히 말씀하신 것처럼 그분의 몸인 성체를 영하게 되면 그분과 하나가 됩니다.

"내 살을 먹고 내 피를 마시는 사람은 내 안에 머무르고, 나도 그 사람 안에 머무른다."(요한 6,56)

성체를 영함으로써 예수님과 일치를 이룬 사람은 그분처럼 자신을 바치는 사람으로 변화되어 형제자매들과 일치와 친교를 이루기 위해 노력해야 합니다. 바오로 사도는 성체를 통해 이루어지는 주님과의 일치가 신자들 서로 간의 일치와 밀접히 연결되어 있음을 역설합니다.

"우리가 떼는 빵은 그리스도의 몸에 동참하는 것이 아닙니까? 빵이 하나이므로 우리는 여럿일지라도 한 몸입니다. 우리 모두 한 빵을 함께 나누기 때문입니다."(1코린 10,16-17)

영성체를 통해 주님과 깊이 일치하고, 그 주님을 함

께 모시는 신자들이 서로 긴밀하게 일치하는 것입니다.

이상에서 살펴본 바와 같이 그리스도에 대한 믿음으로 세례를 받아 하느님의 자녀가 된 이들이 미사에 참여하여 예수 그리스도가 주신 복음을 함께 경청하고, 사도로부터 이어 오는 하나의 신앙을 함께 고백하며, 가진 것을 서로 나누고, 함께 성체를 영합니다. 그럼으로써 주님과 일치하게 되고 주님을 믿는 신자들이 일치하게 됩니다. 이런 이중의 일치가 견고해질 때 교회는 매력을 지닌 공동체가 되어 사람들을 끌어들입니다. 사도행전 2장에서 전하는 예루살렘의 첫 신자 공동체가 바로 그런 교회였습니다.

> "그들은 사도들의 가르침을 받고 친교를 이루며 빵을 떼어 나누고 기도하는 일에 전념하였다. …… 신자들은 모두 함께 지내며 모든 것을 공동으로 소유하였다. 그리고 재산과 재물을 팔아 모든 사람에게 저

마다 필요한 대로 나누어 주곤 하였다. 그들은 날마다 한마음으로 성전에 열심히 모이고 이 집 저 집에서 빵을 떼어 나누었으며, 즐겁고 순박한 마음으로 음식을 함께 먹고, 하느님을 찬미하며 온 백성에게서 호감을 얻었다. 주님께서는 날마다 그들의 모임에 구원받을 이들을 보태어 주셨다."(사도 2,42-47)

그리스도에 대한 믿음으로 세례를 받고 모인 예루살렘 교회 공동체는 사도들의 가르침을 충실히 따르면서 빵을 떼어 나누고, 달리 표현하면 미사를 거행하고, 기도에 열중하였습니다. 또한 자기 소유를 모두 내놓아 필요한 형제들에게 나누어 주었습니다. 초대 교회 신자들은 믿음과 세례, 사도들의 가르침, 기도, 미사, 사랑의 나눔을 통해 서로 하나가 되었던 것입니다. 이렇게 일치된 모습으로 인해 온 백성에게 호감을 얻었고, 날마다 교회 공동체에 입문하는 이들이 늘어났습니다.

예수님은 예루살렘의 첫 신자 공동체가 보여 준 일치된 모습이 오늘날에도 계속되기를 원하십니다. 그래서 교회가 일치와 화합의 공동체가 될 수 있도록 지금도 성령을 통해 도와주시고 인도해 주십니다. 미사에 참여하여 주님과 일치를 이룬 사람이라면, 그분의 뜻에 응답하여 일치와 화합의 사람이 되도록 힘써야 합니다.

이에 관해 에페소 신자들에게 보낸 서간에서는 "성령께서 평화의 끈으로 이루어 주신 일치를 보존하도록 애쓰십시오."(에페 4,3)라고 권고합니다. 이 말씀대로 신자들 모두는 교회가 일치의 표징이며 도구로서, 죄로 인해 다툼과 분열로 얼룩진 세상 안에서 빛과 소금이 되도록 협력해야 할 것입니다. 신앙인들이 일치와 화합에 어긋나는 "육의 행실"(갈라 5,19), 즉 "적개심, 분쟁, 시기, 격분, 이기심, 분열, 분파, 질투"(갈라 5,20-21)와 같은 짓을 저지른다면, 믿지 않는 이들이 하느님과 교회의 품으로 들어오지 못하도록 방해하는 걸림돌이 됩니다.

때로는 교회 구성원의 약점과 허물 때문에 교회를 떠나고 싶은 유혹을 받을 수 있습니다. 그리스도의 몸인 교회가 그리스도의 모습을 보여 주지 못한다고 여겨질 때 실망하거나 비난을 하면서 교회를 등지고 싶은 마음이 들게 됩니다. 하지만 이런 유혹을 잘 넘겨야 신앙의 뿌리가 깊어집니다. 어느 중년 가장의 경우에서 그런 사실을 확인할 수 있습니다. 그는 세례를 받은 지 얼마 되지 않은 시기에 교회의 부정적인 모습을 보고 강한 회의를 느꼈지만, 다행히 일치의 영인 성령의 도움으로 그 위기를 극복하게 됩니다. 다음은 그의 체험담입니다.

"교회를 떠나야겠다고 생각을 했던 적이 있었다. 세례를 받고 2년쯤 되었는데 세례를 받을 당시에는 보이지 않았던 교회에 대한 불만들이 신앙에 눈을 뜨게 되면서 보이기 시작했다. 주위 천주교 신자들의 모습, 공동체의 불합리한 행태, 성경 말씀과는 너무 다른 교회 현실 등을 보면서 조금씩 실망하기 시작했고, 시간이 지날수록 점점 견디기가 힘들어졌다. 그러다가 결정적으로 나의 인내심이 무너진 것은 어떤 신부님에게서 보이는 이해하기 힘든 모습 때문이었다. 견딜 수가 없었다. 그래서 이제는 천주교를 떠나야겠다고 마음을 굳혔다.

그런데 막상 떠난다고 하니, 어디로 갈 것이며, 앞으로 어떻게 살아야 할 것인지가 막막했다. 그 순간 이럴 때일수록 하느님에게 기도해야 한다는 생각이 들었는데 그것은 참으로 성령의 인도였다. 교회의 모습이 아무리 그렇다 하더라도 하느님만은 완전하신 분이니 이 문제를 놓고 하느님과 의논하는 것은 꼭 필요하다고 느낀 것이다.

그래서 떠난다는 결정을 잠시 보류해 두고 주일 미

사에 참여하던 어느 날, 영성체를 하고 돌아오는데 내 마음속에 이런 생각이 스쳐 지나갔다.

'네가 이제 내 교회의 단점을 이야기하느냐? 너를 여기까지 성장시켜 준 이가 누구라고 생각하느냐? 내 교회의 단점을 너에게 보여 준 이는 누구라고 생각하느냐? 그것은 모두 내가 한 일이다. 너에게 그것을 보여 준 이유는 내 교회를 욕하라는 것이 아니라, 그것을 위해 일하라는 뜻이다.'

성령께서 들려주신 그 말씀에 나는 뒤통수를 얻어맞은 것 같았다. '하느님이 나를 통해 교회를 새롭게 하려고 나를 부르고 계셨구나. 그런 순간에 오히려 욕하면서 떠나간다면, 그것은 하느님이 뜻하신 바가 아닐 것이다.'

그날부터 교회의 비판이나, 떠난다는 생각은 다 집어치우고, 내가 그런 교회를 위해 무슨 일을 할 것인지 생각했다. 교회의 단점을 발견할 수 있었던 것은 하느님께서 내게 주신 특별한 은혜였기 때문이다. 그것을 깨우쳐 주신 성령께 고개 숙여 감사드린다."(전문석, 〈깨우쳐 주고, 이끌어 주고〉, 《생활성서》, 2012년 8월호)

악의 세력은 항상 그럴듯한 핑계를 대면서 우리를 주님과 교회로부터 멀어지게 만듭니다. 교회 안에서 잘못된 점이 보이면 악의 세력은 이렇게 속삭입니다. '이런 잘못투성이 교회에서 무엇을 더 바랄 것이 있느냐? 더 이상 희망이 없는 교회에서 시간과 노력을 낭비하지 말고 떠나가서 마음 내키는 대로 살아라.' 우리는 이런 유혹의 목소리를 조심해야 합니다.

물론 교회의 결점과 흠을 고치려는 노력, 교회를 쇄신하려는 노력은 꼭 필요합니다. 하지만 그런 노력이 과도한 비난과 부정 일변도로 흐르지 않기 위해서는 교회의 부족한 모습을 보더라도 주님께서는 여전히 사랑으로 돌보신다는 믿음이 있어야 합니다. 예수님은 당신 제자들이 부족하고 못난 모습을 자주 보였지만, 그들을 끝까지 사랑하셨습니다(요한 13,1 참조). 그분은 당신의 제자들과 크게 다르지 않은 우리들이 모인 교회 공동체도 사랑하실 것입니다.

프란치스코 교황님은 2019년 2월 20일에 피에트렐치나의 비오 성인(1887~1968년)의 고향 교구 신자들과 함께한 자리에서 이런 말씀을 하셨습니다.

"비오 신부님은 혀로, 그러니까 오늘날 유행하는 방식대로 교회를 난도질하지 않으셨습니다. 아니죠. 아닙니다. 오히려 사랑하셨습니다. 교회를 사랑하는 사람은 용서하는 법을 알고 있습니다. 왜냐면 그는 자기 자신이 죄인이며 하느님의 용서가 필요하다는 것을 알고 있기 때문입니다."

이어서 교황님은 신자들에게 이렇게 당부하십니다.

"교회에서 일이 제대로 진행되지 않을 때, 우리는 그것을 바로잡기 위해 결점들을 지적해야 합니다. 그러나 그 결점들을 얘기할 때, 그 결점들을 여러분이 잘 알게 되더라도, 교회를 사랑해야 합니다. 사랑 없이 그러는 건 악마에게서 온 것입니다. 비오 신부님은 모든 곤란과 역경과 함께 교회를 사랑하셨고, 교회의 자녀들이 지은 죄와 함께 교회를 사랑하셨습니다. 이 점을 잊지 마십시오."

20세기 가톨릭 신학의 거장, 독일의 카를 라너 신부(1904~1984년)도 교회 안에 약점과 허물이 보이더라도 그 교회를 존중해야 한다고 말합니다.

"교회는 주름이 짜글짜글한 노파입니다. 그런데 그 노파는 나의 어머니입니다. 그리고 어머니를 때리는 사람은 없습니다."(오스트리아 주교회의, 《YOUCAT》, 가톨릭출판사, 2012)

교회는 단순히 사람들의 집단이 아니라 예수님이 세우시고 성령을 통해 인도하시는 공동체입니다. 그리스도는 성령을 통해 교회를 거듭 새롭게, 거룩하게 만드십니다. 설사 교회의 일부 구성원, 때로는 지도자들이 잘못을 저지르더라도 성령의 은혜로 다른 지체가 거룩하게 되어 교회가 새롭게 됩니다. 샘이 흙탕물로 혼탁해졌더라도 다른 한쪽에서 맑은 물이 계속 솟아나면 시간이 지나면서 다시 깨끗해지는 것처럼 말입니다.

이와 관련해서 베네딕토 16세 교황님의 말씀을 귀담아들을 필요가 있습니다.

"가톨릭 교회는, 물론 한숨과 신음 소리가 없지는 않지만, 아직까지 존속하고 있으며, 끊임없이 위대한 순교자를 배출해 냈고, 위대한 신앙인, 선교사, 간호사, 교육자가 되어 교회를 위해 목숨을 바치는 사람들을 배출해 냈습니다. 그런 점이 이 교회를 지탱하는 다른 어떤 존재가 정말로 있음을 말해 주지요."(요제프 라칭거, 《하느님과 세상》, 성바오로, 2004)

교회의 어두운 모습이 보일 때, '이제 성당 그만 다니자.'라는 생각은 유혹자의 속삭임입니다. 반면에 '나도 그리스도의 몸의 지체다. 나를 통해서도 교회가 새롭고 거룩하게 될 수 있다.'라는 생각은 성령의 목소리입니다.

하느님의 아드님이신 예수님도 광야에서 유혹을 받으셨지만 그에 굴하지 않으셨습니다(마태 4,1-11 참조). 그분은 유혹을 극복하신 분이기에 유혹을 받는 우리를 잘 헤아리고 도와주실 수 있습니다. 예수님은 우리가 당신의 교회를 떠나지 않고 그 안에 머무를 수 있도록 은총으로 보호해 주십니다. 특별히 미사를 통해서 일치와 화합의 은총을 풍성히 베풀어 주십니다.

그래서 안티오키아의 이냐시오 성인(35년경~107년)은 미사(감사례)에 자주 참여하라고 권고합니다.

"감사례를 행하고 하느님께 영광을 드리기 위하여 더욱 자주 모이도록 애쓰십시오. 여러분이 다 함께 모일 때에 사탄의 권세는 사라지고, 여러분의 믿음이 하

나가 될 때에 사탄의 파괴력은 힘을 잃고 맙니다."(이냐시오스, 《일곱 편지》, 분도출판사, 2000)

삼위 안에서 일치를 이루시는 하느님은 당신 교회가 일치와 화합을 이루기를 원하시면서 은총으로 도와주십니다. 신앙인은 그 은총에 의탁하여 분열과 갈등을 부추기는 유혹의 목소리를 거부하고 일치와 화합의 길을 가야 합니다. 사람들의 죄와 잘못으로 말미암아 세상에는 갈등과 분열이 점점 더 깊어집니다. 이런 세상에서 교회가 주님의 인도하심에 따라 사랑 안에서 서로 일치하고 화합하는 공동체가 된다면, 갈등과 분열로 어두워진 세상을 비추는 빛이 될 것입니다.

사랑으로
열매 맺는 신앙

한국천주교 평신도사도직단체협의회가 발간한 《평신도》(2013, 겨울)에 게재된 〈신앙에 물 주기 – 나눔 편〉의 내용을 확충한 것입니다.

부모는 자녀가 곁에 있는 것을 좋아합니다. 아버지 하느님도 당신의 자녀인 우리가 당신 가까이에 있는 것을 좋아하십니다. 그래서 우리를 당신과의 친교로 초대하시는데, 이 초대에 기꺼이 응답하는 것이 신앙입니다. 상황이 좋든 안 좋든 상관하지 않고 이 응답에 지속적으로 충실하려고 노력할 때 신앙이 깊어지고 성숙해집니다.

다시 말해서 우리가 자주 하느님의 말씀을 귀담아듣고, 기도를 통해 꾸준히 그분과 대화를 나누며, 교회 안에 머무르면서 교회의 가르침에 충실하고 성사에 성실하게 참여하면, 신앙이 성장하고 하느님과의 친교도 더욱 돈독해집니다.

절친한 친구끼리는 서로 닮아 갑니다. 마찬가지로 신앙이 성장하여 하느님과의 친교가 돈독해질수록 우리는 점점 더 그분을 닮게 됩니다. 사랑이신 하느님을 닮아 우리 역시 사랑의 사람으로 변화된다는 것입니다. 하느님과 가까워질수록 그분에게 얼마나 많은 사랑과 은총을 받고 사는지를 깨닫게 되면서 그 사랑에 보답하고자 하는 마음이 자연스럽게 우러나오게 됩니다.

하느님에게 받은 사랑과 은총에 보답하려면 어떻게 해야 할까요? 부모는 자녀들에게 좋은 음식이나 옷을 받는 것보다는 형제간에 화목하게 지내는 것을 더 기뻐합니다. 마찬가지로 하느님도 당신의 자녀들인 우리가 서로 사랑하고 화목하게 지내는 것을 기뻐하십니다. 그래서 구약의 아모스 예언자와 호세아 예언자는 하느님이 원하시는 것은 "친교 제물이 아니라 공정과 정의의 실현"(아모 5,22-24 참조)이며, "희생 제물이 아니라 신의"(호세 6,6)라고 강조합니다. 예수님도 하느님의 뜻은 "온 마음과 정성을 다해 주님을 사랑하는 동시에 이웃을 자기 자신처럼 사랑하는 것"(마르 12,30-31 참조)이라고 가르쳐 주셨습니다. 요한 사도 역시 "하느님을 사랑하는 사람은 자기 형제도 사랑해야 한다."(1요한 4,21)라고 역설했습니다.

이렇게 하느님과 깊은 친교 안에 있는 신앙인은 이웃 사랑이라는 열매를 맺습니다. 이런 의미에서 안티오키아의 이냐시오 성인은 "삶의 시작은 믿음이고, 완성은 사랑입니다."(이냐시오스, 《일곱 편지》, 분도출판사, 2000)라고 말했습니다. 사랑이 없는 신앙은 공허한 것이 되기에 바오로 사도는 "사랑으로 행동하는 믿음만이 중요할 따름"(갈라 5,6)이라고 강조했습니다. 야고보 서간에서는 이에 대해 좀 더 강력하게 말했습니다.

"믿음에 실천이 없으면 그러한 믿음은 죽은 것입니다."(야고 2,17)

신앙이 성숙하여 마음에 사랑이 가득 찬 사람은 가진 바를 기꺼이 나눕니다. 앞서도 언급한 것처럼 이런 모습은 예루살렘의 첫 신자 공동체에서 극명하게 드러납니다. 그 공동체는 예수 그리스도에 대한 굳건한 믿음에서 서로 사랑하며 가진 바를 아낌없이 나누었습니다. 그들은 재산과 재물을 팔아 모든 사람에게 저마다 필요한 대로 나누어 주곤 하였지요. 이렇듯 믿음에서 우러나오는 사랑은 이웃과의 구체적인 나눔으로 구체화됩니다.

우리 시대는 재물과 돈이 거의 절대적 힘을 발휘합니다. 모든 것이 돈으로 평가되기 일쑤입니다. 그래서 사람들은 가능한 한 돈을 많이 벌고 모으는 일에 몰두합니다. 반면에 가진 것을 나누는 데에는 인색합니다.

이렇게 해서 경제적 양극화가 점점 더 심해지고, 돈 때문에 극단적인 선택을 하는 이들도 적지 않습니다.

4세기 후반 동로마 제국에서도 부익부 빈익빈의 상황이 심각했습니다. 동로마의 수도 콘스탄티노폴리스의 총대주교였던 요한 크리소스토모 성인(349년경~407년)의 강론에서 그런 정황이 잘 드러납니다. 성인은 부자들의 양심을 흔들어 일깨우면서 재산을 나누어야 한다고 강력하게 촉구했습니다.

"부자들은 보통 가난한 사람을 물질적으로 약탈하지 않는 한 자기에게 죄가 없다고 생각합니다. 그러나 부자들의 죄는 그들의 재물을 가난한 사람들과 나누지 않는 데에 있습니다. 실제로, 자신만을 위해서 재물을 쌓아 두는 부자는 일종의 강도질을 하고 있는 거예요. 모든 재물이 하느님에게서 오는 것이고, 따라서 모든 사람이 공평하게 쓰도록 되어 있기 때문입니다. 그것이

맞다는 증거는 사방에 널려 있지요. 나무와 채소들이 생산해 내는 신선한 열매들을 보십시오. 해마다 그토록 풍성한 결실을 거두게 하는 기름진 흙을 보세요. 우리에게 포도주를 제공하는 포도나무의 달콤한 포도알들을 보십시오.

부자들은 열매와 곡식이 자라는 논과 밭이 자기들의 소유라고 주장할 것입니다. 그러나 씨앗의 싹을 틔우고 자라게 하시는 이는 하느님이십니다. 자기 밭에서 나오는 소출을, 거기서 일한 사람들과 그리고 모든 궁핍한 사람들과 더불어 나누는 것이 부자들의 임무입니다."

(요한 크리소스토모, 《단순하게 살기》, 아침이슬, 2008)

신앙이 무르익으면 자신이 거둔 결실과 성공이 궁극적으로는 하느님의 은혜 덕분이라는 것을 깨닫고 가진 것을 기꺼이 나눕니다. 반면에 미숙한 신앙인은 하느님의 은혜를 헤아리지 못하고, 자신만을 위해 재물을 쌓아 둔 채 나눌 생각을 하지 않습니다. 그런데 재물이 많아지면 그것을 탐하는 사람들이 꼬여 들어 다툼이 일어나기 십상입니다. 돈 때문에 부부가 갈라지고, 자식들이 불목하며, 친족 간에 분쟁이 벌어진다면, 그 재산을 모으려고 쏟은 모든 노고는 다 헛것이 되고 맙니다.

나눌 생각은 하지 않고 모으는 데에만 열중하는 사람들은 예수님 말씀처럼 "자신을 위해서는 재화를 모으면서 하느님 앞에서 부유하지 못한 사람"(루카 12,21)입니다. 이런 사람들은 "하느님을 제 피신처로 삼지 않고 자기의 큰 재산만 믿으며"(시편 52,9) 사는 이들입니다. 안타깝게도 이런 부류의 사람들이 점점 더 많아지는 것 같습니다. 이런 시대 상황에 비추어 볼 때 나눔은 교회와 우리 신자들을 향한 주님의 명령입니다.

나눔은 여유 있는 사람들만의 몫이 아닙니다. 우리 사회를 둘러보면, 자기 살기도 빠듯하지만 흔쾌히 나누는 사람들이 적지 않습니다. 김우수 씨가 바로 그런 사람이었습니다.

부산에서 미혼모의 아이로 태어난 김 씨는 일곱 살에 고아원에 맡겨졌습니다. 주변 사람들의 말에 따르면 그는 열두 살 때 고아원을 뛰쳐나온 탓에 초등학교도 마치지 못했고, 구걸하거나, 양조장 허드렛일이나 시장 지게꾼 일을 하는 등 힘들고 어려운 생활을 해 왔다고 합니다. 소년원도 몇 차례 다녀왔고, 지난 2005년에는 한 술집에서 "나를 무시하느냐!"라고 하면서 불을 지르려다 1년 6개월의 징역형에 처해지기도 합니다.

어느 날 감방 안에서 우연히 잡지를 보게 된 김 씨는 소년 소녀 가장 등 불우한 환경에 처해 있는 어린이들이 쓴 이야기를 읽게 됩니다. 그는 어린이들의 가슴 아픈 사연에 큰 감동을 받고, 앞으로 남은 삶은 어려운 처지에 있는 아이들을 도우며 살겠다는 결심을 합니다.

김우수 씨는 출소 후 중국집 배달원으로 일하면서 매달 월급 70만 원 중에 25만 원은 자신이 머물고 있는 고시원 월세로 내고, 5~10만 원을 어린이 재단에 후원금으로 내어 아이들 다섯 명을 도와주었습니다. 또한 4000만 원짜리 생명 보험에 들어 사후에 어린이 재단에 기부하는 것으로 해 놓고, 장기도 기증하기로 서약해 두었지요. 5년 동안 그렇게 아름답게 살던 김우수 씨는 그만 2011년 9월 23일에 배달을 나가다가 교통사고로 세상을 떠났습니다. 이 죽음이 계기가 되어 그의 선행이 널리 알려지게 되었고, 그에게는 '기부 천사'라는 별명이 붙었습니다.

한 조사에 따르면, 가난한 사람들을 위해 자신이 가진 것을 나누는 이들의 절반 이상이 경제적으로 중하위 계층이라고 합니다. 경제가 어려워도 연말에 불우 이웃 돕기 성금을 내는 이들이 여전히 많다는 것, 큰 사고나 천재지변이 일어났을 때 모금 운동이 활발하게 이루어진다는 것은 희망의 징표입니다. 사실 없어도 그만인, 남아도는 것이 아니라 나한테도 꼭 필요한 것을 쪼개서 내놓을 때 나눔은 더욱 빛이 납니다. 제2차 바티칸 공의회 사목 헌장에서도 이렇게 말합니다.

"교회의 오랜 관습대로, 쓰고 남는 것만이 아니라 자기가 먹을 것을 나누어 주어야 한다."(사목 헌장 〈기쁨과 희망〉, 88항)

구약의 이스라엘 백성은 물론 새로운 하느님의 백성인 교회도 전통적으로 기도, 단식, 자선을 중요하게 여겨 왔는데, 그중에서 자선을 가장 중요시합니다. 2세기의 어느 저술가는 강론에서 이렇게 역설했습니다.

"단식은 기도보다 더 가치 있고 애긍 시사는 이 둘보다 더 가치가 있습니다. '자비는 허다한 죄를 덮어 줍니다.' 깨끗한 마음으로 바치는 기도는 죽음에서 해방시킵니다. 이 세 가지 점에 있어 뛰어난 사람은 복된 사람입니다. 그러나 애긍 시사는 온갖 죄를 씻어 줍니다."
《성무일도 IV》, 한국천주교중앙협의회, 1991)

우선 가톨릭 신자들 사이에서 자선과 애긍 시사의 전통이 좀 더 활성화되면 좋겠습니다. 자선을 생활화하고, 나눔과 기부를 간헐적으로가 아니라 일상적으로 하는 문화가 확산되면 좋겠습니다. 어느 인기 연예인의 팬클럽은 꽃다발이나 개인적인 선물보다는 쌀을 선물하게 해서, 그 연예인의 이름으로 기부한다고 합니다. 이와 비슷한 방식으로 교회 내에서 기부를 유도하는 것도 좋은 방법이 아닐까요? 이미 오래전부터 몇몇 본당에서는 혼인 미사 때 신랑 신부를 위한 화환 대신 쌀을 받아서 가난한 이들에게 나누어 주도록 하고 있습니다. 새로운 가정의 시작을 가난한 이들을 위한 자선으로 축복해 준다는 것은 참으로 의미 있는 일입니다.

다른 사람에게 축복을 빌어 주기 위한 방법으로 기부와 자선을 권장하면 어떨까요? 실제로 어떤 부모는 아들의 혼사를 앞두고 교회의 자선 기관에 기부를 하면서 아들 가정의 축복을 기원했다고 합니다. 부모가 자식의 생일 때마다 기부를 하고 영수증을 모아서 성년이 될 때 선물로 주는 것은 어떨까요? 생일이나 영명 축일을 맞은 사람에게 그 사람 이름으로 기부를 하고 영수증을 선물로 주는 것은 어떨까요? 정말 중요한 것은 나누려는 마음입니다. 그런 마음이 있다면 나누는 방법이 떠오르고 나눌 수 있는 길이 눈에 보일 것입니다.

돈과 재물을 최고의 가치로 떠받드는 이 시대에 나눔은 탁월한 이웃 사랑의 실천입니다. 비록 미약하고 부족할지라도 우리의 나눔을 통해서 사람들은 하느님이 사랑이시라는 것을 받아들이게 됩니다. 우리가 사랑의 마음으로 서로 나눈다면, 그 나눔으로 도움을 받은 이들은 하느님 사랑의 손길을 느낄 수 있다는 말입니다. 이와 관련된 아름다운 이야기 하나가 있습니다.

몹시 추운 12월의 어느 날, 미국 뉴욕시에서 있었던 일입니다. 맨발의 어린 소년 하나가 이를 딱딱 부딪칠 정도로 심하게 추위에 떨면서 신발 가게의 진열장 안을 들여다보고 있었습니다. 그 모습이 측은하여 한 부인이 소년에게 다가가 물었습니다.

"얘야, 뭘 그리 뚫어져라 보니?"

소년이 부끄러운 듯 대답했습니다.

"저는 지금 하느님께 신발 한 켤레만 달라고 기도하는 중이에요."

그 말을 들은 부인은 소년의 손목을 잡고 가게 안으로 들어갔습니다. 그리고 우선 여섯 켤레의 양말을 주문하고 세숫대야와 수건을 빌려 가게 뒤편으로 소년을 데리고 가서 무릎을 꿇고 소년의 발을 씻긴 뒤 수건으로 닦아 주었습니다. 그리고 점원이 갖고 온 양말 중에서 한 켤레를 소년의 발에 신겨 주었습니다. 부인은 신발도 여섯 켤레를 사 주었습니다. 남은 신발과 양말은 흩어지지 않도록 끈으로 묶어서 소년의 손에 꼭 쥐어 주고 어깨를 두드려 주었지요. 그러자 소년이 부인의 손을 꼭 잡고 얼굴을 가만히 쳐다보았습니다. 이윽고 눈에 물기를 가득 머금고 물었습니다.

"아줌마가 하느님 부인이에요?"

사람들은 흔히 하느님을 긴 머리에 흰 수염을 늘어트린 할아버지로 연상합니다. 아마 이 이야기의 소년도 그렇게 생각했을 테지요. 그런데 자기가 그리던 모습의 하느님이 아니라 웬 중년 여인이 자신의 기도를 들어주니까 그 사람을 '하느님 부인'으로 여겼던 것입니다.

우리 모두는 '하느님의 부인'이 될 수 있고, 또 되어야 합니다. 즉, 우리는 하느님의 발이 되어 그분을 필요로 하는 곳으로 가서, 그분이 원하시는 사랑의 손길을 내밀어야 합니다. 예수님은 우리의 사랑과 선행을 통해서 하느님 아버지가 영광을 받으시기를 원하십니다.

"그들이 너희의 착한 행실을 보고 하늘에 계신 너희 아버지를 찬양하게 하여라." (마태 5,16)

비록 우리는 부족하고 허물이 많은 사람들이지만 사랑의 실천을 통해서 그리스도의 손발이 되어 하느님께 영광을 드릴 수 있습니다.

교회는 그리스도의 몸이고, 우리는 그 몸의 지체입니다. 따라서 우리는 그리스도를 대신해서 그분의 축복과 구원을 세상에 전해야 합니다. 예수의 데레사 성녀(1515~1582년)는 우리에게 이렇게 촉구합니다.

"그리스도는 몸이 없지만 당신은 가지고 있습니다. 그리스도는 손이 없지만 당신은 가지고 있습니다. 그리스도는 발이 없지만 당신은 가지고 있습니다. 당신의 눈을 통해서 그리스도의 자비로운 눈이 세상을 바라봅니다. 당신의 발로 그리스도는 좋은 일을 하러 나갑니다. 당신의 손으로 그리스도는 축복을 줍니다."

하느님은 사랑이십니다. 따라서 사랑이 있는 곳에 하느님이 계십니다. 우리가 그리스도의 지체가 되어 사랑을 실천할 때 우리에게는 그분의 현존을 더욱 분명히 느낄 수 있는 선물이 주어집니다. 프랑스 출신의 카푸친 수도회 신부로서 일생 동안 빈민들을 위해 헌신했던 아베 피에르 신부(1912~2007년)는 이런 사실을 확인시켜 줍니다.

피에르 신부는 프랑스인들에게 최고의 존경을 받던 분으로, "인간의 삶은 사랑하는 법을 배우기 위해 허락된 짧은 순간이다."라는 말을 남기기도 했습니다. 프랑스 대통령직을 지냈던 프랑수아 미테랑(1916~1996년)이 죽기 세 시간 전에 평소 친구처럼 가깝게 지내던 피에르 신부에게 이렇게 물었답니다.

"정말 신이 존재할까?"

피에르 신부는 이렇게 대답했습니다.

"프랑수아, 뭐 그렇게 바보 같은 질문을 다 해? 언젠가 자네가 가난한 이에게 가진 것을 다 주고 돌아섰을 때 자네 마음이 어땠는지 생각해 보게. 그 바보 같은 짓을 하고도 자네의 마음이 기뻤다는 게 그 증거라네."

하느님은 사랑이시기 때문에 사랑을 실천하는 가운데 그분의 존재를 가까이 느낄 수 있습니다. 사랑의 실천을 통해 하느님을 체험하면 더욱 강력하게 사랑의 행동을 할 수 있습니다. 그렇기 때문에 피에르 신부는 이런저런 오해와 비난을 감수하면서 꿋꿋하게 빈민들을 위해 사랑의 봉사를 할 수 있었던 것입니다.

신부는 '빈민을 선동하는 빨갱이 사제'라는 비판을 받을 때마다 이렇게 대답했다고 합니다.

"사람들은 나더러 좌파라고 한다. 그 말을 들으면 웃음이 나온다. 나는 좌파니 우파니 하는 것은 모른다. 다만 현실을 있는 그대로 보여 주고, 가장 중요한 것이 무엇인지를 이해하자는 것이 나의 선택이다."

또 자기 이익만 좇는 좌파와 우파 모두를 질책하기도 했습니다.

"우파에서는 오직 개혁을 거부하기 위해서 선행을

이야기하고, 좌파에서는 궁극적인 혁명을 서두르기 위해서 선행을 장려한다면…… 분명 그것은 올바른 태도가 아니다."

현대인들은 진정성이 느껴질 때, 곧 말과 행동이 일치할 때 비로소 마음을 엽니다. 말로써 신앙을 선포하는 것도 중요하지만, 성숙한 신앙으로 나눔이라는 사랑의 열매를 맺을 때 비로소 사람들의 마음을 움직일 수 있습니다. 그렇기 때문에 많은 이들이 버림받은 이들을 위해서 인도에서 평생 헌신했던 마더 데레사 성녀(1910~1997년)나, 아프리카 수단의 남부 톤즈에서 가난한 이들을 위해 살다가 간 이태석 신부(1962~2010년)를 잊지 못하는 것입니다. 입으로는 하느님이 사랑이시라고 외치면서 정작 삶은 그와 정반대로 이기적으로 산다면, 사람들은 하느님과 교회를 등질 수밖에 없습니다.

사랑으로 열매 맺는 신앙은 세상을 변화시키는 힘이 있습니다. 그래서 예수님은 제자들에게 서로 사랑하라는 명령을 유언처럼 남기셨습니다.

"내가 너희에게 명령하는 것은 이것이다. 서로 사랑하여라."(요한 15,17)

우리가 사랑을 실천할 때 세상은 우리가 예수님의 제자라는 것을 알게 됩니다. 하느님보다는 돈에 더 큰 희망을 거는 세상인 듯하지만, 돈이 아니라 하느님이 주님이심을 사랑의 나눔을 통해, 삶으로 고백하는 신자들이 더 많아지기를 기원합니다.

모범으로
빛나는 신앙

《생활성서》 2013년 5월 호에 실린 〈신앙의 해에 더욱 성모님을 생각해야 하는 이유〉, 2013년 6월 호에 실린 〈신앙의 해에 아브라함을 만나야 하는 이유〉를 정리한 것입니다.

요한 바오로 2세 성인 교황님(1920~2005년)은 27년의 재위 기간(1978~2005년) 동안 시성식을 많이 거행하셨습니다. 신앙에 관한 훌륭한 말은 많지만, 신앙의 좋은 본보기가 부족하다고 생각하셨기에 의도적으로 신앙의 모범이 되는 분들을 찾아서 성인으로 선포하셨던 것이지요. 말로도 좋은 영향을 미칠 수 있지만, 행동으로 모범을 보인다면 훨씬 더 큰 영향력을 지니게 됩니다. 신앙은 말로 선포된 복음을 충실히 살아가는 이들을 통해 다른 사람들이 큰 매력을 느끼게 되고, 이를 통해 더욱 전파됩니다.

2,000년의 교회 역사에서는 기꺼이 목숨까지 바치면서 신앙을 지킨 순교자들, 신앙을 위해 온갖 어려움을 감내한 증거자들이 수없이 많습니다. 이런 분들 덕분에 우리의 신앙은 빛을 내면서 지금까지 끊임없이 이어져 왔습니다.

교회 역사가 시작되기 훨씬 이전에도 신앙의 증인들은 많았습니다. 히브리인들에게 보낸 서간에서 저자는 11장 전체를 할애하여 구약 시대에 신앙을 증거한 수많은 선조들을 열거합니다. 그러고 나서 다음과 같이 권고합니다.

"이렇게 많은 증인들이 우리를 구름처럼 에워싸고 있으니 …… 우리가 달려야 할 길을 꾸준히 달려갑시다."(히브 12,1)

'우리를 구름처럼 에워싸고 있는 수많은' 신앙의 증

인들은 신앙 여정의 이정표와 같은 분들입니다. 그분들의 신앙을 모범으로 삼아서 우리는 '지금 여기에서' 각자의 신앙 여정을 기쁘게 걸어갈 수 있습니다. 이제 성경에 등장하는 대표적인 신앙의 증인인 두 인물, 구약의 아브라함과 신약의 성모 마리아를 살펴보겠습니다.

믿음 안에서 참된 자유를 누린 아브라함

현대 세계는 보고 만지고 직접 체험할 수 있는 것만 확실하다고 여기고, 그렇지 않은 것은 받아들이려 하지 않습니다. 이 경향은 점점 더 강해지고 있습니다. 이런 세상에서 보이지 않는 하느님을 믿고 그분에게 모든 희망을 걸면서 살아가기란 여간 어려운 일이 아닙니다. 그래서 신앙 여정은 높은 산 정상을 향해 힘들여 한 걸음 한 걸음 올라가는 과정에 비길 수 있습니다.

다행스럽게도 신앙 여정을 꿋꿋하게 걸어간 이들이

적지 않습니다. 신앙인들은 그들을 바라보면서 힘과 위로를 얻습니다. 우선 바오로 사도가 '믿는 모든 이들의 조상'(로마 4,16 참조)이라고 칭한 아브라함을 생각해 볼 수 있습니다. 그는 자신과 아내의 나이가 많아서 아이를 낳을 희망이 없어 보였지만, 그럼에도 불구하고, 많은 민족의 아버지가 될 것이라는 하느님의 약속을 굳게 믿었습니다. 또한 "존재하지 않는 것을 존재하도록 불러내시는 하느님"에 대한 믿음으로 "희망이 없어도 희망"(로마 4,17-18)하며, 절대적인 자유를 누렸습니다.

'자유'라는 말만큼 매력적인 말도 드뭅니다. 어디에도 매이지 않고 마음껏 자유를 누리는 생활을 갈망하지 않을 사람이 있을까요? 예수님도 자유에 대해 말씀하셨습니다.

"진리가 너희를 자유롭게 할 것이다."(요한 8,32)

그런데 어떤 신자들은 신앙생활이 자유보다는 속박에 가깝다고 느낍니다. 주일 미사에 꼬박꼬박 참석해야 하고, 판공성사도 봐야 하니 갑갑하다는 것이지요. 정말 신앙생활을 하려면 자유를 포기해야 할까요? 그렇지 않습니다. 하느님의 부르심에 응답하여 그분에게 자신을 맡긴 신앙인은 오히려 참된 자유를 누릴 수 있습니다. '믿는 모든 이들의 조상'(로마 4,16 참조)인 아브라함에게서 그런 모습을 발견할 수 있습니다.

하란(현재 터키 남동부에 위치)에 정착하여 살던 아브라함에게 하느님의 말씀이 내립니다.

> "네 고향과 친족과 아버지의 집을 떠나, 내가 너에게 보여 줄 땅으로 가거라."(창세 12,1)

아브라함은 하느님이 이르신 대로 먼 길을 떠납니다. 그는 하느님의 말씀에 순종함으로써 믿음의 조상이 되었습니다. 물론 가족과 고향을 떠나기란 쉬운 일이 아닙니다. 왜냐하면 가족과 고향은 내가 존재하고 성장하도록 도와준 보금자리이기 때문입니다.

그런데 사람에게 가족과 고향이 소중하기는 하지만, 반대로 족쇄처럼 사람을 얽어맬 수도 있습니다. 우리나라의 고질적 병폐인 지방색이 그런 경우입니다. 다행히 지금은 상황이 많이 나아졌지만, 아직도 혼인이나 취업 때 특정 지방을 배제하는 잘못된 행태가 남아서 사람들을 힘들게 하기도 합니다. 사람이 고향과 가족과 친척에 매이면 우물 안 개구리처럼 더 큰 것을 보지 못하기 십상입니다. 하지만 아브라함은 "고향을 떠나라."라는 하느님의 말씀에 순종함으로써 하느님이 주시는 더 넓은 세상을 체험하게 됩니다.

하느님이 약속하신 땅에 당도한 아브라함이 제일 먼저 한 일은 하느님에게 경배드리는 것이었습니다.

"그는 그곳에 주님을 위하여 제단을 쌓고, 주님의 이름을 받들어 불렀다."(창세 12,8)

아브라함은 하느님의 말씀에 순종하여 고향을 떠나 멀리 타향 땅에서 고단한 삶을 살았습니다. 하지만 하느님께 모든 것을 맡겼고, 그럼으로써 미래에 대한 걱정에서 벗어날 수 있었습니다. 하느님은 세상과 역사를 주재하시는 전능하신 분이시기 때문입니다.

사람은 자신의 미래에 대해서 나름대로 계획을 세우고, 그 계획을 실현하기 위해서 열심히 노력해야 합니다. 그러나 거기에 너무 매여서는 곤란합니다. 사람이 자신의 앞날을 과도하게 걱정하다 보면, 인간적인 수단과 방법으로 미래를 보장받으려고 발버둥 치게 됩니다. 가장 일반적인 방법은 재산을 모아 미래를 대비하는 것입니다. 생명 보험을 비롯한 각종 보험에 들고, 통장 잔고가 충분하도록 열심히 저축을 합니다. 그런데 돈으로 미래를 보장하려 들면 자칫 돈의 노예가 될 수 있습니다.

하지만 아브라함은 미래는 물론 모든 것을 하느님께 맡김으로써 재물의 노예가 되지 않았습니다. 그래서 조카 롯과 영역 다툼이 벌어졌을 때 흔쾌히 양보할 수 있었던 것입니다. 아브라함이 롯에게 먼저 좋은 땅을 선택할 권리를 주자, 롯은 물과 풀이 넉넉한 지역을 택하여 떠납니다(창세 13,5-12 참조). 아브라함처럼 모든 것을 하느님에게 의탁하고 산다면, 미래에 대한 지나친 걱정에서 해방되어 재물의 노예가 되지 않을 수 있습니다.

아브라함은 하느님의 약속으로 늙은 나이에 외아들 이사악을 얻었습니다. 그런데 어느 날 하느님이 그 외아들을 데리고 모리야 땅에 가서 번제물로 바치라고 명하십니다. 아브라함은 아무 말 없이 그 말씀에 순종하여 곧바로 길을 나섭니다(창세 22,1-3 참조). 이사악은 그가 백 살이 되어서 얻은 아들이니 분명 귀중하고 소중한 아들이었을 것입니다.

그런데 사람은 자신이 소중하게 생각하는 것일수록 거기에 집착하고 매이기 쉽습니다. 어쩌면 아브라함은 아들에 대한 사랑이 지나쳐 집착할 정도까지 되었고, 그래서 하느님이 일부러 그런 시련을 주신 것이 아닐까요? 어쨌든 아브라함은 하느님의 명에 기꺼이 순종하였고, 그 결과 아들에 대한 집착에서 해방되고 사랑하는 아들 이사악의 목숨도 구할 수 있었습니다.

요즘에는 자식을 하나나 둘만 두니까 지나치게 애지중지하게 되고, 그러다 보니 아이에게 집착하여 매이는 경우가 적지 않습니다. 부모들은 어떻게 하면 자녀를 남보다 더 똑똑한 아이로 키울까 노심초사합니다. 어렸을 땐 또래끼리 어울려 노는 게 좋은 공부인데도 요즘 아이들은 유치원 때부터 학원에 다니느라 놀 틈이 없습니다. 부모는 자녀를 사랑해서 그런다고 하지만, 아이들은 활기와 생명력을 잃게 되는 경우가 많습니다. 아브라함처럼 하느님을 믿고 순종함으로써 자녀에 대한 집착에서 벗어나는 부모들이 많아지면 좋겠습니다.

아브라함은 하느님을 믿고 따름으로써 고향과 가족의 속박에서, 미래에 대한 걱정에서, 자녀에 대한 집착에서 벗어났습니다. 그는 세상 어떤 것보다도 하느님을 앞자리에 두었기 때문에 사람을 묶는 이런 저런 속박에서 벗어나 자유로울 수 있었던 것입니다.

과거에 아브라함을 부르셨던 하느님은 지금도 우리에게 다가오셔서 참된 자유를 주고자 하십니다. 많은 신자들이 미사와 고해성사를 부담스럽게 여기지만, 바로 여기에서 우리에게 자유를 선사하시는 하느님을 만날 수 있습니다.

우리들 대부분은 미래가 불투명한 세상에서 살아남기 위해 많은 염려와 걱정을 하느라 마음이 자유롭지 못합니다. 하지만 미사에서 봉독되는 성경 말씀을 경청하고, 정성을 다해 성체를 모시면서 우리의 미래를 주재하시는 하느님께 자신을 온전히 맡긴다면, 자신을 속박하는 염려와 불안의 족쇄를 풀어 버릴 수 있습니다.

또한 우리는 이런저런 인간관계에서 생겨나는 미움, 시기, 질투 등에 사로잡혀 사는 경우가 많습니다. 그렇지만 고해성사를 통해 용서해 주시는 하느님을 만남으로써 그런 올가미에서 벗어날 수 있습니다. 아브라함이 누렸던 삶, 곧 믿음 안에서의 참된 자유는 오늘날 우리에게도 얼마든지 계속될 수 있습니다. 아브라함처럼 하느님을 믿고 그분께 모든 것을 맡기고 따른다면 말입니다.

믿음으로 축복을 낳으신 성모님

성모님 역시 탁월한 믿음의 소유자였습니다. 가브리엘 천사가 전한, 처녀의 몸으로 아들을 잉태하리라는, 불가능해 보이는 하느님의 말씀을 믿음으로 받아들였기 때문입니다. 성모님은 "하느님께는 불가능한 일이 없다."(루카 1,37)라는 천사의 말을 믿고 "저는 주님의 종입니다. 말씀하신대로 저에게 이루어지기를 바랍니다."(루카 1,38) 하고 대답하셨습니다. 이런 성모님의 믿음과 순종 덕분에 구원 역사에 중요한 전환점이 마련됩니다.

좋은 씨는 좋은 땅을 만나야 싹트고 열매를 맺을 수 있듯이 하느님의 구원 계획이 풍성한 결실을 얻기 위해서는 인간의 응답, 곧 믿음과 순종이라는 좋은 땅이 필요합니다. 본래 하느님은 인류의 원조에게 이런 믿음을 원하셨습니다. 하지만 아담과 하와는 하느님의 명을 어기고 선과 악을 알게 하는 나무의 열매를 따 먹었습니다. 그 결과로 죄가 세상에 들어왔고, 죄의 세력은 계속해서 사람들에게 고통과 불행을 안겨 주었습니다(창세 3,1-19 참조).

때가 찼을 때 하느님은 원조의 불신으로 인해 시작된 고통과 불행의 질곡에서 인류를 구하기 위해 구세주를 보내려고 하셨습니다. 이런 새로운 구원 계획에도 인간의 믿음과 순종의 응답이 필요했습니다. 성모님이 바로 이런 응답을 하셨고, 그래서 구세주가 세상에 오시게 되었습니다.

리옹의 이레네오 성인(130년경~202년경)은 성모님을 '새 하와'라고 부르면서 이렇게 말합니다.

"하와의 불순명이 묶어 놓은 매듭을 마리아의 순명이 풀어 주었고, 처녀 하와가 불신으로 맺어 놓은 것을 동정 마리아가 믿음으로 풀었다."

성모님은 예수님을 잉태하는 순간뿐만이 아니라 그 후에도 굳건한 믿음을 보여 주셨습니다. 그분은 성자를 낳고 기르셨지만, 아들의 말과 행동을 낱낱이 이해하지는 못하셨습니다. 하느님은 인간의 마음과 생각을 뛰어

넘는 분, "우리 마음보다 더 크신 분"(1요한 3,20 참조)이시기 때문에 인간은 궁극적으로 그분의 뜻과 계획을 모두 이해할 수는 없습니다. 성모님도 예외는 아니었지요. 하지만 "마리아는 이 모든 일을 마음속에 간직하고 곰곰이 되새겼다."(루카 2,19)라고 성경에 기록되어 있듯이 그분은 미처 다 이해할 수는 없는 아들의 말과 행동도 마음속에 간직하고 되새기셨습니다.

이런 점에서 성모님은 신앙인들에게 빛나는 모범이 되십니다. 우리는 이해할 수 없는 상황을 만나면 하느님을 원망하고 의심하기 일쑤입니다. 하지만 성모님은 이런 순간에도 "구원자 하느님"(루카 1,47)에 대한 믿음과 신뢰를 거두지 않으셨습니다. 그분은 어떤 상황에서도 주님을 굳건히 믿고 신뢰하라고 삶으로써 가르쳐 주십니다.

성모님의 굳건한 믿음은 기적의 실마리가 되기도 했습니다. 카나의 혼인 잔치에 초대받으신 성모님은 그

집에 포도주가 떨어지는 불상사가 일어나자 아들에게 조용히 도움을 청하셨습니다. 그런데 예수님은 냉정해 보이는 대답을 하십니다.

> "여인이시여, 저에게 무엇을 바라십니까? 아직 저의 때가 오지 않았습니다."(요한 2,4)

아들의 '냉정한' 대답에도 불구하고 성모님은 시중드는 사람들에게 "무엇이든지 그가 시키는 대로 하여라."(요한 2,5) 하고 당부하셨습니다.

성모님은 비록 아들의 말을 이해하지는 못했지만, 달리 표현하면 그분도 우리와 마찬가지로 "신앙의 나그넷길"(〈교회 헌장〉, 58항)을 걸으셨지만, 아들에 대한 신뢰를 거두지 않고 충실히 유지하신 것입니다. 예수님은 성모님의 이런 항구한 믿음에 물을 맛 좋은 포도주로 변화시키는 기적으로 응답하십니다.

이렇게 성모님은 어려움에 처한 이들을 위해 주님에게 적극적으로 중개해 주셨습니다. 오늘도 성모님은 천상에서 우리를 위해 계속 중개해 주고 계십니다. 그 중개는 어머니로서 아들에게 명령하는 것이 아니라 아들을 굳건히 신뢰하며 그에게 간청하는 방식으로, 즉, 항구한 기도로 이루어집니다. 그래서 중세의 신학자 둔스 스코투스(1266년경~1308년)는 이렇게 말했습니다.

"성모님은 기도로써 중개하는 권위를 지니신 것이지 명령하는 권위를 지니신 것은 아니다."

야고보 서간의 말대로 "의인의 간절한 기도는 큰 힘을 냅니다."(야고 5,16)

예수님에 대한 굳건한 믿음과 신뢰를 간직하셨던 성모님은 아들의 처참한 십자가 죽음 때문에 "영혼이 칼에 꿰찔리는"(루카 2,35) 엄청난 고통을 당하셨습니다. 성모님은 아들과의 긴밀한 일치 속에 사셨기 때문에 아들의 십자가 고통을 함께 나누신 것입니다. 예수님은 이런 성모님을 사랑하는 제자에게 맡기십니다.

"이분이 네 어머니시다."(요한 19,27)

이 말씀으로 성모님은 모든 믿는 이들의 어머니가 되신 것입니다. 아들의 처참한 죽음을 보면서 말할 수 없는 큰 고통을 당하신 성모님은 고통받는 이들을 어머니의 마음으로 따뜻하게 감싸 주십니다.

성모 마리아는 우리와 똑같은 인간이셨지만, 누구보다도 믿음이 돈독한 분이셨습니다. 또한 그 믿음 때문에 크나큰 어려움과 고통을 겪으셨지요. 그러면서도 어려운 처지에 있는 이를 도우려고 애쓰는 분이셨습니다. 제2차 바티칸 공의회가 가르치는 것처럼 지금도 성모님은 천상에서 모든 은총의 근원인 하느님에게 우리를 위해 전구하여 필요한 도움을 얻어 주십니다.

"(성모님은) 당신의 수많은 전구로 우리에게 영원한 구원의 은혜를 얻어 주신다. 당신의 모성애로 아직도 나그넷길을 걸으며 위험과 고통을 겪고 있는 당신 아드님의 형제들을 돌보시며 행복한 고향으로 이끌어 주신다."(〈교회 헌장〉, 62항)

지상 순례의 여정에 있는 신앙인들은 성모님의 탁월한 믿음을 생각하면서 자신의 허약한 믿음을 추스릅니다. 또한 그분의 강력한 전구를 기대하면서 위로와 힘을 얻습니다.

성숙한
신앙을 위한 여정

2013년 11월 8일 충청북도 음성군 꽃동네에서 개최된 '신앙의 해' 결산 심포지엄에서 〈신앙의 해의 의의와 신앙의 해 이후 평신도의 소명 — 천주교 서울대교구를 중심으로〉란 제목으로 행한 기조 강연의 내용을 부분적으로 첨삭한 것입니다. 이 심포지엄은 주교회의 평신도사도직위원회와 한국천주교 평신도사도직단체협의회의 공동 주최로 열렸습니다.

신앙의 해의 의의

베네딕토 16세 교황님이 선포하신 '신앙의 해'는 2012년 10월 11일에 시작되어, 2013년 11월 24일 그리스도 왕 대축일에 마무리되었습니다. 신앙을 위협하는 요인들이 점점 더 증가하는 요즈음의 상황에서, 우리 신앙을 새롭게 하고 활성화하기 위해 하신 '신앙의 해' 선포는 시의적절한 결정이었습니다.

교황님은 '신앙의 해'를 선포하시면서 발표하신 자의 교서 〈믿음의 문〉에서 이렇게 말씀하셨습니다.

"그리스도와 만나는 기쁨과 새로운 열정을 더욱 북돋고자 신앙의 여정을 재발견할 필요가 있다."(2항)

바로 여기에 '신앙의 해'가 선포된 취지가 잘 요약되어 있다고 봅니다. '그리스도를 만나는 기쁨과 그분에 대한 열정'이 결여된다면 신앙은 힘을 잃을 수밖에 없습니다. 신앙이 식어 버리고 약화된 상황, 한마디로 신앙의 위기가 전 세계적으로 확산되어 있기 때문에 베네딕토 16세 교황님이 '신앙의 해'를 선포하셨다고 봅니다. 이런 신앙의 위기가 온 데에는 여러 가지 요인이 있습니다.

신앙을 위협하는 요인들

서울대교구장 염수정 추기경님은 2012년 '신앙의 해'를 시작하면서 발표하신 사목 교서에서 '오늘날 유럽 교회의 신앙을 위협하는 가장 큰 세력은 과도한 과학적 사고방식과 개인주의'라고 지적하셨습니다. 사실 이것은 유럽 교회만의 문제가 아닙니다. 전 세계를 '지구촌'이라는 말로 표현할 정도로 세계는 서로 긴밀하게 연결되어 있기 때문에 한 지역의 문제는 다소 시간차를 두면서 다른 지역의 문제로 등장하는 경우가 많습니다. 유럽 교회의 문제도 정도의 차이는 있지만, 실상은 우리의 문제이기도 합니다.

2013년 9월 13일에 한국교회사연구소 주최로 '신앙의 해' 기념 심포지엄이 개최되었습니다. 그 자리에서 가톨릭대학교 신학대학 교의 신학 교수인 박준양 신부는 〈오늘날 건전한 신앙을 저해하는 문화적 흐름과 운동에 관한 조직신학적 성찰〉이라는 제목의 논문으로 발제하였습니다. 이 논문에서는 염수정 추기경님이 오늘날 신앙의 위기를 가져온 요인으로 지적하신 과도한 과학적 사고방식과 개인주의에 대한 고찰이 심도 있게 이루어졌습니다.

박 신부는 오늘날 그리스도교 신앙을 위협하는 가장 큰 요인에는 과학주의, 세속주의 혹은 상대주의, 신영성 운동이 있는데, 이 세 가지는 각기 독자적이면서도 실제로는 서로 연결되어 있다고 분석했습니다. 과학 기술 만능주의에 빠져서 종교와 신앙을 무의미하게 여기는 이들, 과학적 관점만을 배타적으로 고집하면서 종교와 신앙을 적대시하는 이들은 절대적 진리를 인정하지 않습니다. 이런 태도는 거의 필연적으로 세속주의 혹은 상대주의로 흐르게 됩니다. 절대적 진리나 가치를 부정하게 되면 모든 것을 상대화하게 되고, 결국은 개인의 편안함과 안락함을 중심에 두는 개인주의로 귀착됩니다. 나아가 개인주의는 자신의 편안함과 안락함을 보장할 수 있는 돈에 집착하여 물신주의物神主義에 빠지기 십상입니다.

이런 이들 중에는 내적인 공허를 느껴서 영적인 세계를 찾는 사람들도 있는데, 그들은 자신의 편안함과 안락함을 포기하려 하지 않습니다. 이런 사람들일수록 이른바 신영성 운동의 대표 주자 격인 뉴에이지가 표방하는 '자기만족 추구의 영성', 즉 고통 없는 '안락한 구원'을 약속하고, 어려운 이웃에게는 무관심한 사이비 영성에 매력을 느낍니다. 이러한 사이비 영성은 이웃과 세상으로 나가지 못하고, 자신 안에 맴도는 '자기 탐닉'의 형태를 지닙니다. 인간은 절대자인 하느님을 거부하게 되면, 자기 자신을 절대자로 삼아 자기만족 추구에 열중하게 됩니다. 이런 현상은 우리나라에서도 점점 증가하는 추세입니다.

신앙의 위기에 대처하기

교회 교도권은 신자들의 신앙을 보호해야 할 의무가 있습니다. 그래서 과학주의, 세속주의 혹은 상대주의, 신영성 운동, 개인주의 등 신앙의 위협하는 요인들의 맹점과 폐해를 분명하게 지적하고 경고해야 합니다. 하지만 경고로 그쳐서는 안 되고, 그 위험에 대처할 수 있는 방안도 모색해야 합니다.

우리 교회는 서구 교회처럼 신앙의 열기가 식지는 않았습니다. 여전히 가톨릭 교회에 대한 호감도가 다른 종교에 비해서 높은 편이고, 1970~1980년대 정도는 아니지만 예비 신자들도 꾸준히 들어오고 있습니다. 하지만 매년 입교자와 거의 같은 숫자만큼 냉담자가 생겨나고, 적지 않는 신자들이 개인적 문제나 교회에 대한 실망 또는 사이비 영성이나 이단적 교설에 현혹되어 교회에서 떨어져 나가는 것도 사실입니다. 호감과 기대를 갖고 교회에 들어오지만, 작은 시련이나 유혹에 견디지 못하고 교회를 떠나는 이들이 많다는 것입니다.

이런 모습은 우리 신앙의 뿌리가 약하고 신앙 체질이 허약하다는 것을 말해 줍니다. 몸이 약하면 쉽게 병에 걸리듯이 허약한 신앙, 뿌리가 깊지 못한 신앙은 유혹에 쉽게 넘어갑니다. 이를 방지하기 위해서는 우선 신앙 체질을 강화해야 합니다.

염수정 추기경님은 '신앙의 해' 사목 교서에서 한국 교회의 당면 문제인 허약한 신앙을 강화하기 위한 방안을 다섯 가지 표어에 담아 제시하셨습니다. '말씀으로 시작되는 신앙', '기도로 자라나는 신앙', '교회의 가르침으로 다져지는 신앙', '미사로 하나 되는 신앙', '사랑으로 열매 맺는 신앙'이 그것입니다. 2013년 한 해 동안 서울대교구의 대다수 본당에서는 본당 사정에 맞게 이 지침을 실행했습니다.

그런데 기초를 다지는 데에는 시간이 필요합니다. 신앙생활도 예외는 아닙니다. 그래서 서울대교구장님은 2014년 사목 교서에서 지난 한 해 동안 쌓아온 신앙의 기초를 좀 더 공고히 하기 위해 그동안의 노력을 계속 이어 가기로 방향을 정하셨습니다. 구체적으로는

'신앙의 해'를 위해 마련했던 다섯 가지 표어를 한 해에 한 가지씩 집중적으로 실천하는 것입니다. 사실 말씀, 기도, 교회의 가르침, 미사와 성사, 사랑의 봉사는 우리 신앙생활에 필수적인 기본 요소입니다. 앞으로도 이 다섯 가지 주제에 초점을 맞추어 충실하게 신앙생활을 함으로써 성숙한 신앙인들이 더 많아지기를 기대해 봅니다.

행사로서의 '신앙의 해'는 끝이 났지만, 우리 신앙이 계속 성장하고 결실을 맺도록 노력해야 한다는 과제는 여전히 남아 있습니다.

수원교구 설정 50주년 행사에 참석하기 위해 방한하셨던 교황청 인류복음화성 장관 페르난도 필로니 추기경님도 〈평화신문〉과의 인터뷰에서 신앙의 해는 한 해의 행사로 끝나는 것이 아니라 지속되어야 한다는 점을 역설하였습니다.

"신앙은 한 해로 표현되는 것이 아니며 지속되는 것입니다. 지속된다는 것은 우리 자신 속에 우리가 세례를 통해 받은 선물, 곧 하느님의 은총에 대한 인식을 지니고 있어야 한다는 뜻입니다. 우리가 그 선물을 감사히 또 기꺼이 받아들인다면, 신앙의 해는 끝나는 것이 아니라 이제 시작하는 기회가 되는 것이라고 생각해야 합니다. 신앙의 해를 마무리하는 것이 아니라 시작하도록 우리 자신을 어떻게 준비해야 하는가에 대한 저의 대답은 이렇습니다. 가장 중요한 것은 행사는 끝나겠지만 신앙에 대한 감사와 사랑과 애정의 여정은 이제 시작된다는 것입니다."(2013년 10월 13일)

성숙한 신앙으로의 여정

성숙한 신앙인은 자신이 받은 하느님의 은총에 깊이 감사하면서 기꺼이 하느님의 자녀로 살아가고자 노력

합니다. 하느님의 자녀는 예수님이 가르쳐 주신 대로 "세상의 빛"(마태 5,14)이 되어야 합니다. 현재 우리 사회에는 물신 숭배, 경제적 양극화, 생명 경시, 거짓, 폭력 등과 같은 어둠이 짙게 깔려 있습니다. 이런 어둠은 하느님의 뜻과는 정반대의 길을 가기 때문에 생겨난 것으로서, 그 핵심은 재물에 대한 욕심이라고 할 수 있습니다.

앞에서 살펴본 바와 같이 하느님을 떠나게 되면 세속주의 혹은 상대주의로 흐르고, 결국은 자신에게 초점을 두는 개인주의에 빠지게 됩니다. 자기 자신을 중심에 두게 되면 자신의 편안함과 안락함을 보장하는 재물에 매달리게 됩니다. 그렇게 되면 재물을 최대한 많이 모으기 위해서 비생산적이라고 생각하는 사람, 즉 능력이 없다고 여겨지거나 늙거나 아픈 이들을 내치기 때문에 생명을 경시하게 됩니다. 또한 가난한 이를 외면하기에 경제적 양극화가 심해지며, 돈을 벌기 위해서 거짓과 폭력도 마다하지 않습니다. 재물의 힘과 매력 때문에 하느님을 등질 위험이 매우 크기 때문에 예수님은 "하느님과 재물을 함께 섬길 수 없다."(마태 6,24)라고 단호하게 말씀하셨습니다.

성숙한 신앙인은 자신이 궁극적으로 하느님의 은총에 힘입어서 산다는 것을 잘 알고, 하느님을 중심에 두고 삽니다. 믿음의 아버지인 아브라함과 구세주의 어머니 성모님이 그런 분들이셨습니다. 우리 역시 그분들처럼 하느님을 중심에 모시고, 다른 것을 부차적으로 여기며 살아야 합니다. 그렇게 될 때 오늘날 우리 사회에 가득 찬 어둠의 세력을 거슬러서 나눔, 정의, 생명, 정직, 화해의 삶을 살아갈 수 있습니다.

이러한 삶은 바로 현대에서 순교 정신을 실현하는 것이기도 합니다. 순교자들은 하느님만을 가장 '절대적' 가치로 받아들이고, 목숨을 바쳐 증거한 분들입니다. 순교자들의 신앙의 증거 위에 세워진 한국 천주교회는 그분들의 정신을 이어받아 하느님과 복음이 그 어떤 것보다도 중요하다는 것을 말과 행동으로 보여 주어야 할 사명이 있습니다. 가톨릭 신자들은 물론 가톨릭 신자가 아닌 이들까지도 이태석 신부에게 감동하는 것은, 신부가 오직 복음만을 절대적 가치로 받아들이고, 현대 사회에 맞게 순교 정신을 실천하며 살았기 때문일 것입니다.

제2차 바티칸 공의회는 평신도의 주요 활동 영역은 세상이라고 강조합니다.

"평신도들에게는 세속적 성격이 고유하고 독특하다. …… 평신도들의 임무는 자기 소명에 따라 현세의 일을 하고 하느님의 뜻대로 관리하며 하느님의 나라를 추구하는 것이다. 평신도들은 세속 안에서 …… 자기의 고유한 임무를 수행하며 복음 정신을 실천하고 누룩처럼 내부로부터 세상의 성화에 이바지하며, 또 그렇게 하여 무엇보다도 자기 삶의 증거로써 믿음과 바람과 사랑으로 빛을 밝혀 다른 사람들에게 그리스도를 분명하게 보여 준다."(〈교회 헌장〉, 31항)

이렇게 평신도들은 세상을 자신의 활동 무대로 삼아서 자기 자리에서 그리스도를 대신하는 사명을 지닙니다. 그런데 세상에서는 재물의 힘이 교회 내에서보다 훨씬 더 막강하게 작용합니다. 이런 세상 한가운데서 돈보다 복음을 더 중요하게 여기는 삶을 살아간다면, 그것은 "특별한 징표"가 되고 "독특한 효력"을 발휘하게 될 것입니다(〈교회 헌장〉, 35항).

하지만 이렇게 사는 것은 결코 쉬운 일이 아닙니다. 성숙한 신앙에 이르기 위해서는 훈련이 필요합니다. 그 훈련이 이루어지는 곳이 바로 교회 공동체이고, 교회의 뿌리는 가정입니다. 가정에서 부모가 자녀에게 신앙 교육을 충실하게 시킬 때 성숙한 신앙인들이 많이 배출될 것이고, 그들을 통해서 교회가 더욱 거룩하게 될 것입니다. 그래서 제2차 바티칸 공의회는 가정을 "가정 교회"라고 표현하면서, "부모는 말과 모범으로 자기 자녀들을 위하여 최초의 신앙 선포자가 되어야 한다."라고 강조합니다(〈교회 헌장〉, 11항).

신앙의 전달과 훈련이라는 점에서 매우 중요한 위치를 차지하는 가정은 평신도들의 고유 영역입니다. 가톨릭 교회는 전통적으로 가정에 많은 관심을 갖고 그 중요성을 거듭 강조해 왔습니다. 프란치스코 교황님은 2014년 10월에 '가정 사목과 복음화'라는 주제로 세계 주교대의원회의 제3차 임시 총회를 소집하셨습니다. 그분은 물론 그 이전의 교황님들도 가정에 대해 지대한 관심을 갖고 계셨습니다.

현재 우리 사회에는 가족의 유대가 급속도로 약화되고 있습니다. 이런 상황을 고려할 때 평신도들의 중요한 사명 중의 하나는 바로 가정의 가치를 지키고, 가정을 신앙의 요람으로 만드는 것이라고 확신합니다.

그런데 우리의 현실은 어떤가요? 어려움에 처한 자녀와 함께 기도하는 부모, 자녀들에게 "주일 미사 빠지지 말고 참례하라.", "바쁘더라도 아침 기도와 저녁 기도 꼭 바쳐라." 하고 권고하는 부모가 과연 얼마나 될까요? 아마도 아이들의 학업과 입시 준비를 위해 신앙생활은 뒷전으로 미루게 하는 부모들이 더 많을 것입니다. 자녀들과 함께 기도하는 것은 고사하고 부부가 함께 기도하는 경우도 그리 많지 않은 듯합니다. 부모가 기도하는 모습을 보일 때 자녀들은 자연스럽게 기도를 배울 것이고, 부모가 크고 작은 어려움을 신앙 안에서 헤쳐 나갈 때 자녀들 역시 그렇게 살아갈 것입니다.

예수님은 일생 동안 아버지의 뜻에 철저히 순종하는 삶을 사셨습니다. 그런 예수님 뒤에는 하느님의 뜻에 철저히 순종하신 성모님이 계셨습니다. 성모님은 구세주의 잉태를 알리는 가브리엘 천사의 전갈에 "저는 주님의 종입니다. 말씀하신대로 저에게 이루어지기를 바랍니다."(루카 1,38)라는 순종의 응답을 하셨고, 일생을 그런 순종의 자세로 사셨습니다.

예수님은 성부에 대한 순종을 어머니로부터 배웠고, 물려받았다고 할 수 있습니다. 오늘날도 가정에서 부모가 성모님처럼 순종과 믿음의 삶을 산다면, 그 가정은 제2의 그리스도가 태어나고 자라는 요람이 될 것입니다.

신앙 성숙을 돕는
견진성사

견진성사를 거행한 미사에서 행했던 강론을 정리하고 보충한 것입니다.

가톨릭 신자들은 세례성사를 받고 일정 기간이 지나면 견진성사를 받습니다. 왜 그래야 할까요? 신앙의 성장과 성숙을 돕기 위해서입니다. 우리의 신앙생활은 세례성사를 받으면서 본격적으로 시작됩니다. 세례 때 우리 안에 신앙의 씨앗이 뿌려졌는데, 그 작은 씨앗은 큰 나무로 자라나서 풍성한 열매를 맺어야 합니다.

신앙이 성장하면 하느님의 은혜를 깊이 깨닫게 되는데, 그러면 자신이 받은 은혜에 응답하는 삶을 살게 됩니다. 곧 하느님께 감사하고 기쁘게 살면서 기꺼이 이웃 사랑을 실천하는 길을 가게 되지요. 이렇게 신앙이 자라고 성숙해지도록 돕는 성사가 바로 견진성사입니다. 그래서 견진성사는 '그리스도인의 성숙을 위한 성사'라고도 합니다.

견진성사가 신앙 성장을 도울 수 있는 것은 이 성사를 통해 성령께서 우리에게 오시기 때문입니다. 성령께서는 세례성사 때 우리에게 오시어 신앙이 시작될 수 있도록 도와주십니다. 그리고 견진성사 때 다시 우리에게 오셔서 신앙이 성장할 수 있도록 도와주시지요.

성령은 큰 능력을 지니신 분입니다. 창세기 1장 2절을 보면 태초에 아무것도 없는 데에서 하느님의 말씀과 영에 의해 세상 만물이 창조됩니다. 성령은 아무것도 없는 데에서 만물을 생겨나게 한 '창조의 영'입니다. 또 창세기 2장 7절을 보면 하느님은 흙으로 사람의 형상을 빚으시는데, 거기에 숨을 불어넣으시자 생명체가 됩니다. 성령은 '생명의 영'입니다. 또한 성모님이 처녀의 몸으로 구세주 예수님을 잉태하신 것도 성령의 능력에 의한 것이었습니다(루카 1,35 참조). 하느님의 영인 성령은 인간적으로 볼 때 불가능한 것도 가능하게 하시는 분입니다(루카 1,37 참조). 이렇게 성령은 창조와 생명의 영, 불가능한 것을 가능케 하는 영입니다. 이런 성령의 도움으로 돌같이 굳어 있는 우리 마음이 살처럼 부드러워지고, 허약한 우리의 신앙이 굳건해질 수 있습니다.

큰 능력을 지니신 성령께서는 우리 신앙이 튼튼해지도록 도와주십니다. 구체적으로는 하느님, 예수 그리스도 그리고 교회와의 결속을 강화해 주시지요. 《가톨릭 교회 교리서》는 견진성사의 은총에 대해 이렇게 설명합니다.

"견진성사는 세례성사의 은총을 완성한다. 견진성사는 하느님의 자녀로서 '더 깊이' 뿌리내리게 하고, 그리스도와 '더 굳게' 결합시키며, 교회와 유대를 '더욱 튼튼하게' 하고, 교회의 사명에 '더욱 깊이' 참여하게 하며, 실천이 따르는 말로써 그리스도교 신앙을 증언하도록

돕는 성사이다."(1316항)

우리는 세례성사를 통해 모든 죄를 용서받아 하느님의 자녀가 되고 그리스도와 일치하며, 교회 공동체의 일원이 되는 은총을 받게 되는데, 견진성사는 이 은총을 더욱 충만하게 해 주는 것입니다.

성령께서는 우리와 하느님과의 결속을 강화해 주십니다

바오로 사도는 로마 신자들에게 보낸 서간 8장 14-15절에서 이렇게 말합니다.

> "하느님의 영의 인도를 받는 이들은 모두 하느님의 자녀입니다. 여러분은 사람을 다시 두려움에 빠뜨리는 종살이의 영을 받은 것이 아니라, 여러분을 자녀로 삼도록 해 주시는 영을 받았습니다. 이 성령의 힘

으로 우리가 '아빠! 아버지!' 하고 외치는 것입니다."

성령의 인도를 받는 사람은 누구나 하느님의 자녀로서, 그 성령의 힘으로 하느님을 아빠, 아버지로 부를 수 있습니다. 성령께서는 우리가 하느님을 두려움과 공포의 대상이 아니라, 자비로운 아버지로 받아들일 수 있도록 도와주십니다.

견진성사 때 오시는 성령께서는 우리와 자비로운 아버지 하느님과의 결속을 강화해 주십니다. 하느님과의 결속이 견고해지면 우리가 변화되어 시련과 역경을 겪더라도 두려움이 아닌 평안 속에서, 절망이 아닌 희망 속에서 살아갈 수 있습니다. 왜냐하면 하느님께서는 당신 자비와 능력으로써 모든 것을 선으로 이끌어 주시기 때문입니다. 이를 몸소 체험한 사람이 바로 바오로 사도입니다.

바오로 사도는 곳곳을 다니면서 복음을 선포하였는

데, 그 복음을 받아들이고 변화되는 사람들을 보며 큰 기쁨과 보람을 맛보았습니다. 예를 들어, 바오로 사도는 자기 대신에 테살로니카를 방문했던 티모테오를 통해 그곳 신자들의 믿음이 확고하다는 말을 듣고 크게 감격했습니다.

> "여러분이 주님 안에 굳건히 서 있다고 하니 우리는 이제 살았습니다. 우리가 여러분 덕분에 우리의 하느님 앞에서 누리는 이 기쁨을 두고, 하느님께 어떻게 감사를 드려야 하겠습니까?"(1테살 3,8-9)

다른 한편으로, 바오로 사도는 자신을 반대하는 사람들 때문에 수많은 난관과 고초, 박해도 겪게 되었습니다(2코린 11,23-33 참조). 하지만 그 난관과 박해도 결국은 선으로 귀결된다는 것을 체험합니다.

"환난은 인내를 자아내고 인내는 수양을, 수양은 희망을 자아냅니다."(로마 5,3-4)

이런 체험을 바탕으로 바오로 사도는 확신에 차서 고백합니다.

"하느님을 사랑하는 이들, 그분의 계획에 따라 부르심을 받은 이들에게는 모든 것이 함께 작용하여 선을 이룬다는 것을 우리는 압니다."(로마 8,28)

하느님은 자비롭고 전능하신 아버지로서 당신을 믿고 따르는 이들을 격려해 주시고, 기쁨을 누리며 감사하며 살도록 해 주십니다. 그분은 당신이 사랑하는 사람들에게서 역경과 고통을 면해 주시지는 않지만, 결국 그것이 유익이 되도록 이끌어 주십니다. 성령의 은혜로 자비로운 하느님 아버지와의 결속이 강화되면, 기쁨과 감사 안에 살아가면서 인생 여정에서 무엇이 다가오든 두려워하지 않고 늘 용기와 희망을 간직하는 '매력적인 신앙인'이 될 수 있습니다.

성령께서는 우리와 예수 그리스도와의 결속을 강화해 주십니다

예수님이 승천하신 후에 제자들은 함께 모여서 "한마음으로 기도에 전념"(사도 1,14)하였습니다. 이런 그들에게 성령께서 내려오십니다. 성령을 받은 제자들은 밖으로 나와 사람들 앞에서 예수님이 구세주시라고 담대하게 선포했습니다(사도 2,14-36 참조). 사실 제자들은 부활하신 예수님을 만나고도, 유다인들이 두려워 그분을 세상에 전하지 못했습니다. 그런 그들이 성령을 받게 되자 예수님이 구세주시라고 용감하게 선포하게 된 것입니다. 이렇게 성령께서는 예수님과의 결속을 강화해 주심으로써 예수님이 구세주시라는 것, "길이요 진리요 생명"(요한 14,6)이시라는 것을 확신하고, 그 확신을 용감하게 세상에 전하도록 도와주십니다.

성령의 도우심으로 예수님과의 결속이 강화되면 그분을 담대하게 선포할 수 있을 뿐만 아니라 그분이 보여 주신 사랑을 닮아 갈 수 있습니다. 예수님은 하느님 아버지의 마음, 사랑으로 가득 찬 마음을 드러내 보여 주신 분입니다. 그 사랑은 인간의 생각을 뛰어넘는 것으로 자신을 극도로 낮추는 겸손한 사랑이고, 자신을 내어 주는 헌신적 사랑입니다. 그 사랑은 죄인의 구원을 위한 예수님의 십자가 죽음에서 절정에 이릅니다.

세상에는 두 종류의 사랑이 있습니다. 하나는 자기중심의 사랑, 나 자신과 내 편만을 위하는 이기적 사랑이고 다른 하나는 자신의 울타리를 넘어서 다른 이들을 배려하고 돕는 이타적 사랑입니다. 자기중심의 사랑은 세상 파괴에까지 이를 수 있고, 이타적 사랑은 자아 포기에까지 이르게 합니다. 예수님은 타인을 위해 자신을 온전히 내어놓는 사랑을 몸소 실천하셨고, 우리는 그 사랑 덕분에 구원된 것입니다.

성령께서는 예수님과의 일치를 더욱 굳건하게 해 주심으로써 우리를 그분이 보여 주신 사랑, 이타적이며 세상을 구원하는 사랑에 동참하도록 이끌어 주십니다. 이기주의로 병든 세상은 예수님이 보여 주신 이타적 사랑을 통해 치유될 수 있습니다. 견진성사를 통해 예수님과의 결속이 강화되어 그분을 구세주로 선포하면서, 그분의 이타적 사랑을 닮아 가는 이들이 많아질 때 교회는 더욱 거룩해지고 '세상의 소금과 빛'(마태 5,13-16 참조)이 될 것입니다.

성령은 우리와 교회와의 결속을 강화해 주십니다

교회는 성령 강림으로 시작되었습니다. 성령을 받은

제자들이 본격적으로 복음을 선포하면서 그 복음을 듣고 믿는 사람들이 공동체를 이루며 교회가 시작된 것입니다. 교회의 시작을 도와주신 성령께서는 교회가 신앙을 온전히 보존하고 전하는 공동체가 되도록 계속 이끌어 주십니다. 세례성사를 받게 되면 바로 이 교회 공동체에 속하게 되면서 신앙생활을 시작하게 되고, 견진성사를 통해 교회와의 결속이 더욱 견고해집니다.

우리의 신앙은 성령께서 인도하시는 교회 공동체 안에서 성장할 수 있습니다. 성령께서는 교회 안에서 선포되는 성경 말씀을 통해 주님의 목소리를 들을 수 있게 해 주십니다. 또한 성령의 힘으로 교회 안에서 집전되는 미사와 고해성사, 다른 성사를 통해 우리에게 필요한 은총이 전해집니다. 아울러 성령께서는 신자들의 마음을 움직이시어 우리가 주님 안에서 일치하고 화합할 수 있도록 인도해 주시는데, 이런 화목한 신앙 공동체 안에서 신앙이 성장합니다.

때로는 교회 구성원들이 부족하고 죄스러운 모습을 보여서 교회에 대한 신뢰가 흔들리기도 합니다. 하지만 그러한 경우에도 성령께서는 도움을 멈추지 않으신다는 것을 잊지 말아야 할 것입니다. 그분은 하느님 말씀을 전하는 이들의 서툰 말솜씨에도 불구하고 복음이 전해지도록 안배해 주십니다. 허물과 부족함이 많은 성직자가 거행하는 성사를 통해서도 우리에게 필요한 은총을 풍성하게 베풀어 주십니다. 또한 교회가 새롭게 되도록 우리가 알지 못하는 방식으로 사람의 마음을 움직이시어 교회의 약점을 보충하고 허물을 씻어 내도록 도와주십니다.

성령의 도움으로 교회와의 결속이 강화되면, 눈에 보이는 교회의 부정적인 모습에 흔들리지 않게 됩니다. 오히려 눈에 보이지 않는 성령의 활동을 굳게 신뢰하면서 교회를 위해 미력이나마 보탤 생각을 하게 됩니다. 교회의 약점과 허물을 보며 마음 아파하지만, 교회 안에 머무르며 주님과 그분의 교회를 위해 기꺼이 봉사하는 길을 택합니다. 그리스도께서는 우리가 당신의 교회를 위해 일하고 봉사하기를 바라십니다.

견진성사를 통해 오시는 성령의 도움으로 우리는 교회와의 결속이 더욱 견고해집니다. 그리고 교회 공동체 안에서 성경 말씀과 미사와 성사를 통해, 신자들과의 친교 관계를 통해 신앙을 키워 갑니다. 그래서 교회를 '영적 어머니'처럼 소중히 여기고, 기쁘게 그 교회를 위해 일하고 봉사합니다. 이런 성숙한 신앙인이 많아질 때 교회는 그리스도의 모습을 좀 더 분명하게 세상에 드러낼 것입니다.

견진성사 때 우리에게 오신 성령께서는 계속 우리 안에 머무르시면서 우리 신앙의 성장을 도와주려고 하십니다. 하지만 우리가 다른 데에 신경 쓰느라 그분에게 마음을 열지 못하면, 성령께서도 당신의 큰 능력을 발휘하실 수 없습니다. 부모의 사랑이 아무리 커도 자녀가 마음의 문을 닫고 있으면 그 사랑이 가닿을 수 없는 것과 같은 이치입니다. 우리 안에 계신 성령께서 능력을 발휘하시기 위해서는 그분께 곁을 드려야 합니다. 다시 말하면 기도해야 합니다.

예수님의 제자들은 함께 모여 한마음으로 기도했을 때 성령을 받았습니다(사도 1,14 참조). 그리고 예수님이 요한에게 세례를 받으시고 기도하셨을 때도 성령께서 내려오셨습니다(루카 3,21-22 참조). 이렇게 기도와 성령은 밀접하게 연결되어 있습니다. 성령의 현존을 느끼길 원하면 매일 꾸준히 기도해야 합니다. 기도와 함께 성경 말씀을 읽고 마음에 새기는 것도 중요합니다. 매일 성경 말씀을 읽고 마음에 새길 때 성령께서는 그 말씀을 통해 당신의 목소리를 들려주실 것입니다.

견진성사를 받았다고 해서 자동으로 신앙이 성장하는 것이 아닙니다. 부지런히 기도하고 성경 말씀을 듣고 마음에 새길 때, 우리 안에 현존하시는 성령의 목소리를 듣고서 감사와 기쁨 속에 살며 기꺼이 이웃 사랑을 실천하는 신앙인으로 성장할 것입니다.

위기를 견디는 신앙

서울대교구 가톨릭여성연합회 회보 《가톨릭여성》 제47호(2021, 8월)에 게재된 글을 수정, 보충한 것입니다.

2,000년을 지속해 온 그리스도교 신앙은 많은 위기를 겪었습니다. 초 세기에는 박해와 이단의 위기, 중세에는 권력과 금력의 위기, 흑사병과 전쟁의 위기, 그리고 근·현대에는 무신론과 공산주의의 위기, 세속화의 위기 등이 있었습니다. 이런 위기로 신앙이 약해지거나 신앙을 잃어버린 이들도 많았지만, 위기를 견디면서 신앙이 굳건해진 이들도 적지 않았습니다. 앞으로도 위기는 반복될 것이고, 그 위기 속에서도 신앙은 유지되고 성장해야 할 것입니다.

2019년 말에 시작되어 아직도 끝이 보이지 않는 코

로나19 사태는 전 세계를 큰 위기로 몰아넣었습니다. 지금도 코로나 팬데믹 때문에 세상은 사회, 경제, 정치적인 면에서 많은 어려움을 겪고 있습니다. 신앙생활에도 어려움이 적지 않았습니다. 2020년 2월에는 코로나19 감염을 방지하기 위해 우리나라의 전 교구에서 신자들과 함께하는 미사가 중단되었습니다. 약 두 달 후 미사가 재개되기는 했지만 미사에 참석하는 신자 수는 반 토막이 났고, 미사 내내 마스크를 벗지 못하며 성가도 거의 못 부르고 지냅니다. 모임과 단체 활동도 많이 위축되었습니다.

이런 어려움을 겪으면서 많은 생각을 하게 됩니다. 일상을 잃어버리고 나니 일상이 얼마나 소중한지를 깨닫게 되면서, 평범한 일에 많이 감사하게 되었습니다. 그리고 그동안 우리가 얼마나 무분별하게, 무절제하게 먹고 마시고 돌아다녔는지를 반성하게 되었습니다. 또한 인간이 엄청난 능력을 지닌 듯하지만, 작디작은 바이러스에 한순간 무너질 수 있는 약한 존재임을 새삼 깨닫게 되었습니다.

2020년 3월 27일에 프란치스코 교황님이 '인류를 위한 특별 기도와 축복'에서 하신 말씀이 떠오릅니다.

"우리는 같은 배를 탄 연약하고 길을 잃은 사람인 동시에 같이 노를 젓고 서로 격려가 필요한 사람입니다."

코로나19 사태는 우리를 겸손하게 만드는 것 같습니다. 어려움을 견디는 방법의 하나는 어려움의 의미를 찾는 것입니다. 과거 어떤 수도자는 엎드려서 마룻바닥 걸레질을 할 때마다 자신의 내면의 때를 닦아 낸다는 생각을 하면서 힘든 일을 기쁘게 해냈다고 합니다. 저도 거기서 영감을 받아, 2020년 4월 말에 미사가 재개되었을 때 우리가 지켜야 하는 번거로운 방역 수칙을 긍정적인 방향으로 해석해 봤습니다.

미사 전에 명단에 이름과 연락처를 적으면서
하느님께서 당신의 자녀인 나의 이름을
기억하신다는 것을 마음에 새겨 둡니다.

체온을 측정하면서 내 사랑의 온도는
얼마나 될지 헤아려 봅니다.

손 소독제로 손을 닦으면서 하느님 앞에는
깨끗한 손, 빈손으로 나아가야 한다는 것을
생각해 봅니다.

마스크를 착용하면서 말을 줄이고, 덜 먹고
덜 마시기를 다짐합니다.

정해진 자리에 앉으면서 하느님이 내게 정해 주신
자리를 찾았는지 성찰해 봅니다.

사회적 거리를 두면서 내 이웃 사람의 고유한 영역을 존중해 주었는지 반성해 봅니다.

강한 바람으로 나무가 뿌리째 뽑히기도 하지만, 그 바람을 견뎌 내면서 뿌리를 더 깊이 내릴 수도 있습니다. 사람도 마찬가지입니다. 어려움이 사람을 망가트리기도 하지만, 그 어려움을 견뎌 내면서 더 강해지는 사람도 있습니다. 어려움과 곤경은 사람이 성장하는 데에 쓴 약이 되기도 합니다.

이스라엘 백성은 이집트의 종살이에서 벗어나 하느님이 약속해 주신 가나안 땅으로 들어갈 때까지 40년간 광야에서 지내야 했습니다. 광야는 거칠고 험한 지형으로 최소한의 의식주로 견뎌 내야 하는 곳입니다. 하지만 이스라엘 백성은 이런 어려운 시간에 오히려 하느님에 대한 믿음과 신뢰가 깊어졌습니다.

코로나 감염병은 우리를 광야의 시간으로 몰아넣었

습니다. 하지만 우리의 노력 여하에 따라서 이 힘든 시간이 독이 되기도 하고 약이 되기도 할 것입니다.

코로나19 사태를 겪으며 우리 한국 순교자들을 자주 생각했습니다. 그들이 박해 때문에 신앙생활을 제대로 할 수 없었던 상황과 코로나 때문에 신앙생활에 많은 제약을 받는 우리의 상황이 닮았기 때문입니다.

한국 천주교회는 선교사의 도움 없이 평신도에 의해 시작되었습니다. 진리를 탐구하던 젊은 지식인들이 중국에서 들여온 천주교 서적을 통해 세상 만물을 창조하시고 주재하시는 하느님을 알게 되었습니다. 이들 중 이승훈(1756~1801년)이란 선비가 1783년 겨울 동지사의 서장관으로 떠나는 아버지를 따라 북경에 들어가 약 40일간 그곳에 머물면서 선교사들에게 필담으로 교리를 배웠습니다. 그 뒤, 그라몽 신부에게 세례를 받아 한국인 최초의 영세자가 되었습니다. 세례명은 조선에서 신앙의 '반석'이 되라는 의미에서 베드로로 정하였습니다. 이승훈 베드로는 1784년에 국내로 돌아와 이벽, 정약종 형제 등에게 세례를 주고 정기적으로 종교 집회를 열었습니다.

이들은 책으로만 가톨릭 신앙을 접했기에 가톨릭 교회의 특성과 구조를 잘 알지 못했습니다. 성직자가 필요하다는 것은 알았지만, 서품을 받아야 한다는 것은 몰랐습니다. 그래서 자기들끼리 10명의 신부를 정해서 미사를 지내고 신자들에게 고해성사를 주었습니다. 이른바 가假성직제도라는 것입니다. 그러다 의문이 생겨서 1790년 다시 북경으로 사람을 보내 주교에게 문의했는데, 북경 주교는 절대 그렇게 해서는 안 된다는 금령과 함께 사제 파견을 약속했습니다. 그 결과 1795년 12월에 중국인 주문모 야고보 신부(1752~1801년)를 맞이할 수 있었습니다. 하지만 1801년 신유박해로 주문모 신부가 순교했습니다.

그 후 조선의 천주교 신자들은 1834년 중국인 여항덕 파치피코 신부가 입국할 때까지 30년 이상 한 명의 사제도 없는 상태에서 신앙생활을 해야 했습니다. 몇 년 후 파리외방선교회 소속의 프랑스 사제들이 입국하였지만, 그 숫자가 극히 적었을 뿐만 아니라 박해의 위험 때문에 신자들은 사제를 만나기가 매우 어려웠습니다. 신자들 대부분은 일 년에 한 번이나 두 번 정도 미사에 참여하고, 고해성사를 받는 것으로 만족해야 했을 것입니다.

한국의 신앙 선조들은 어디서 힘을 얻어 박해의 위협에도 꿋꿋하게 신앙을 지키고, 박해와 투옥, 순교마저도 두려워하지 않을 수 있었을까요? 순교자의 자녀들은 남은 신자들이 맡아서 자기 자식처럼 키우고, 당시 높은 신분의 벽을 넘어 서로를 '교우', '믿음의 친구'라고 부르며 친형제처럼 지낼 수 있었던 힘은 어디서 왔을까요? 시련과 환난을 겪으면서도 절망하지 않고 기쁘게 살 수 있었던 비결은 무엇일까요? 미사와 성사의 도움을 받지 못했던 그들은 어디서 영적인 힘을 얻어 놀라고 감탄할 만한 신앙인으로 살 수 있었을까요?

비록 그들은 미사와 성사의 은혜를 자주 받지는 못했지만, 성경 말씀과 기도를 통해 하느님과의 친교 관계를 유지하며 영적인 힘을 얻었기에 그렇게 살 수 있었습니다.

당시 한글로 번역된 성경은 없었지만 주일과 축일의 복음을 모아서 엮은 책들, 이를테면 《성경광익聖經廣益》, 《성경직해聖經直解》와 같은 책이 있었습니다. 우리 신앙 선조들은 이런 책을 중국에서 들여와 한글로 번역하여 서로 돌려 가며 부지런히 읽었습니다. 또한 그들은 기도 생활에 매우 충실했습니다. 아침 기도, 저녁 기도, 묵주 기도 등을 열심히 바쳤습니다. 일례로 우리나라 두 번째 사제인 최양업 토마스 신부님(1821~1861년)의 부친 최경환 프란치스코 성인(1805~1839년)은 무릎을 꿇고 얼마나 자주 기도를 바쳤는지 버선코가 다 닳을 정도였답니다.

한마디로 우리 선조들은 미사와 성사의 은혜를 받을 기회는 적었지만, 부지런히 성경 말씀을 읽고 묵상하며 열렬히 기도하는 가운데 하느님과의 친밀감을 유지하고 필요한 은총을 얻었습니다. 그 은총의 힘으로 혹독한 박해에도 굴하지 않고 굳건한 신앙생활을 하였고, 가난 속에서도 모범적인 이웃 사랑을 실천했던 것입니다. 성경 읽기와 기도에 충실하면서 하느님과의 친밀감을 유지하였기에 가끔이지만 미사에 참례할 때는 큰 감사와 감동의 마음으로 임하였을 것입니다. 이는 친한 친구끼리 편지만 주고받으면서 아쉬움을 달래다가, 직접 만났을 때는 반가움과 기쁨이 그만큼 더 큰 것에 비길 수 있습니다.

과거 우리 신앙 선조들은 박해 때문에 미사 참례를 거의 못했습니다. 지금 우리는 코로나19 감염병 때문에 미사 참례에 많은 제약을 받고 있습니다. 두 상황이 상당히 다르지만, 미사 참석이 어렵다는 점에서는 비슷합니다. 그렇다면 우리도 신앙 선조들이 모범을 보였듯이, 비록 미사 참례는 자주 못 하더라도 성경 읽기와 기도 생활에는 충실해야 하지 않을까요? 성경을 읽고 묵상하는 것, 매일 기도 바치는 것은 집에서, 직장에서, 길을 가면서도 얼마든지 할 수 있습니다. 성경이나 기도서가 손에 없어도 스마트폰 앱을 통해서 가능합니다. 목숨을 바쳐 가며 신앙을 증거한 우리의 신앙 선조들에게 부끄럽지 않은 후손이 되려면 매일, 꾸준히, 규칙적으로 기도하고 성경을 읽고 묵상하면서 하느님과의 친밀감을 간직해 나가야 할 것입니다.

우리의 신앙생활을 되돌아봅니다. 그동안 너무 형식적인 신앙생활을 한 것은 아닐까요? 그저 주일 미사에 참석하고, 일 년에 한두 번 고해성사 받는 것으로 만족

했던 것은 아닐까요? 평일에 집에서 직장에서 기도하고 성경을 읽고 마음에 새기는 과정 없이 주일 하루, 그것도 대부분 의무감에서 마지못해 미사에 참석하였기에 하느님과의 친밀감이 형성되지 못하였고. 그래서 위기 상황이 닥치자 신앙이 시들어 버린 것은 아닐까요? 마치 모래 위에 지은 집이 비바람이 불어오자 무너져 버린 것처럼 말입니다(마태 7,26-27 참조). 하느님과의 친교 관계에서 오는 기쁨을 느끼지 못하고 살아왔기 때문에 다시 미사에 참석할 수 있게 되었어도 반갑게 성당으로 달려가기보다는 이런저런 이유를 대면서 미적대는 것은 아닐까요? 방학이 끝났는데도 학교 가기를 꺼리는 학생들처럼 말입니다.

매일 기도하고 조금씩이라도 성경을 읽으며 이를 마음에 새기면서 살아갈 때 하느님과의 친밀감이 유지될 수 있습니다. 그런 사람은 하느님을 더욱 친밀하게 만날 수 있는 미사에 기쁘게 참여하여 그분과의 친교 관계를 더욱 굳건하게 다져 갑니다. 평소 기도와 말씀으로 마음을 준비할 때 미사에서 봉독되는 성경 말씀을 통해 우리에게 말씀하시는 주님의 목소리를 분명하게 들을 수 있고, 영성체로 그분의 현존을 감지하며 영적인 힘과 기쁨을 얻을 수 있습니다. 기도와 성경 말씀으로 마음을 준비하고 미사에서 주님과의 친교 관계를 깊게 체험하게 되면, 주님의 뜻을 충실하게 받들어 기꺼이 이웃 사랑을 실천할 수 있습니다. 이런 사람은 비바람에 잘 견뎌 내도록 '반석 위에 집을 지은 슬기로운 사람'(마태 7,24-25 참조)입니다.

주님이신 예수님은 "세상 끝 날까지 언제나 너희와 함께 있겠다."(마태 28,20)라는 약속을 하셨습니다. 하지만 인생 여정에서 만나게 되는 크고 작은 위기는 그 약속을 믿기 어렵게 만듭니다. 위기로 인해 신앙이 흔들리지 않으려면 어떤 상황에서든 우리 곁에 계시는 주님과의 친밀감을 유지해야 합니다. 그런 친밀감은 꾸준히 기도하는 가운데, 지속해서 성경을 읽고 마음에 새기는 가운데 시작되고 유지됩니다. 평소에 이런 '신앙 훈련'을 부지런히 하여 위기에도 흔들리지 않는 신앙을 간직한 이들이 많아지기를 바랍니다.

맺음말

우리의 믿음이
한층 더해지기를 기도하며

마르코 복음서에는 벙어리 영이 들린 아들을 예수님에게 데리고 와서 고쳐 주시기를 청하는 아버지의 이야기가 나옵니다(마르 9,14-29 참조). 아이 아버지는 아들이 어릴 적부터 악령에 들려서 고생한 이야기를 하면서 "이제 하실 수 있으면 저희를 가엾이 여겨 도와주십시오." 하고 간청합니다. 그러자 예수님은 그 아버지의 약한 믿음을 나무라십니다.

"'하실 수만 있으면'이 무슨 말이냐? 믿는 이에게는 모든 것이 가능하다."

그러자 아이 아버지는 곧바로 "저는 믿습니다. 믿음이 없는 저를 도와주십시오." 하고 외칩니다. 예수님은 아버지의 간청에 응답하여 아이를 고쳐 주십니다.

대부분의 신자들은 자신의 신앙이 강하지 않다는 것을 잘 알고 있습니다. 또한 어떻게 하면 좀 더 굳건한 신앙을 지닐 수 있을까 고민하는 이들도 적지 않습니다. 예수님의 제자들도 우리와 크게 다르지 않았던 것 같습니다. 그들은 자신들의 약한 믿음을 잘 알았기에 스승에게 "저희에게 믿음을 더하여 주십시오."(루카 17,5) 하고 청했습니다. 그러자 예수님은 "너희가 겨자씨 한 알만한 믿음이라도 있으면……"(루카 17,6) 하고 한탄하시듯이 말씀을 이어 가십니다.

다른 한편으로, 성경에는 굳건한 믿음으로 인해 예수님에게 칭찬을 받은 이들도 등장합니다. 열두 해 동안이나 하혈하다가 예수님의 소문을 듣고서 군중에 섞여 그분의 옷에 손을 댄 여인이 그런 사람입니다. 그 여인은 예수님의 옷자락에 손을 대기만 해도 구원될 것이라는 믿음으로 그렇게 했습니다. 당시의 통념에 따르면 하혈하는 동안에는 부정한 상태로 여겨졌기 때문에, 그런 사람이 다른 이에게 손을 대면 부정을 타게 된다고 생각했습니다. 따라서 여인의 행동은 비난받을 짓이었습니다.

하지만 이런 비난을 감수하고 예수님의 옷자락에 손을 대었던 여인은 치유를 받게 됩니다. 예수님은 이런 굳건한 믿음을 지닌 여인에게 "딸아, 네 믿음이 너를 구원하였다. 평안히 가거라. 그리고 병에서 벗어나 건강해져라."(마르 5,34)라는 칭찬과 축원의 말씀을 건네셨습니다.

예수님은 우리도 이 여인과 같은 믿음을 갖기를, 그래서 우리가 내적으로, 또 외적으로 치유를 받아 건강하고 평안하게 살기를 간절히 바라십니다. "우리 믿음의 영도자이시며 완성자이신"(히브 12,2) 예수님은 믿음이 부족한 우리를 가엾이 여기시면서 기꺼이 도와주실 것입니다.

중요한 것은 우리의 약함과 부족함을 솔직하게 인정하면서 그분에게 지속적으로 간청하는 것입니다. 벙어리 영이 들린 아이의 아버지나 예수님의 제자들처럼 말입니다.

"저는 믿습니다. 믿음이 없는 저를 도와주십시오."(마르 9,24), "저희에게 믿음을 더하여 주십시오."(루카 17,5)라는 간청이 우리의 간절한 기도가 되면 좋겠습니다.